내 이름으로
주시리라

주제설교 모음 2

내 이름으로 주시리라

응답편

이재록 목사

우림

내가 진실로 진실로 너희에게 이르노니
너희가 무엇이든지 아버지께 구하는 것을
내 이름으로 주시리라

요 16:23

펴내는 글

 청년 시절부터 사업에 뜻을 품은 남성도가 있었습니다. 그는 기도하던 중에 한 회사를 인수하여 본격적으로 사업을 시작하였습니다. 하나님의 뜻을 깨달아 '항상 선을 좇고 정도를 걸으라'는 경영 신조를 세우고, '하나님의 법은 물론 나라의 법도 지키라'는 말씀을 명심하여 그대로 행하려고 노력했습니다. 불의와 타협하지 않고 정도만을 좇으니 처음엔 불이익을 당하는 것처럼 보였지만 변함없이 행했습니다. 그랬더니 얼마 있지 않아 고객 중 70~80%가 단골로 자리를 굳히고, 영업을 하지 않아도 입소문을 통해 고객이 늘어 어느새 매출이 10배로 뛰었다고 합니다.
 이처럼 하나님을 믿고 그 말씀대로 행하면 하나님께서는 반드시 복을 주십니다. 시편 146편 5절에 "야곱의 하나님으로 자기 도움을 삼으며 여호와 자기 하나님에게 그 소망을 두는 자는 복이 있도다" 하신 대로 하나님께서는 우리를 돕고 복 주기를 즐거워하십니다. 진정 하나님을 사랑하는 자녀라면 하나님의 능력으로 모든 것을 할 수 있고, 만사형통한 복을 누리며 살 수 있습니다. 풍요롭고 건강한 삶, 능력 있는 삶, 성공적인 삶을 누리며 영광 돌릴 수 있는 것입니다. 이런 복된 삶을 누리려면 응답에 대한 영계의 법칙을 밝히 깨달아야 합니다.

『내 이름으로 주시리라』는 하나님의 자녀로서 무엇이든지 예수 그리스도의 이름으로 기도하여 응답받기 원하는 분들을 위하여 발간되었습니다. 기도해도 응답받지 못하는 이유가 무엇인지 살펴보고, 응답 여부를 결정하기 위해 일곱 영이 측정하는 요소, 심고 거두는 축복의 비결, 하나님을 기쁘시게 하는 행함 등 응답에 대한 영계의 법칙을 구체적으로 설명하였습니다. 또한 칼럼 뷰(Column View)를 추가하여 하나님께서 원하시는 삶의 모습을 소개합니다.

우리가 하나님의 자녀로서 응답과 축복을 받을 수 있는 자격을 갖추고 하나님께 합한 마음이 되면 인생의 모든 문제를 해결받을 수 있고, 어떤 질병도 치료받으며, 각종 사고나 자연 재해로부터도 지킴 받을 수 있습니다.

이 책을 통해 하나님께서 기뻐하시는 믿음을 소유하여 믿음의 조상 아브라함처럼 건강과 장수, 부와 명예, 자녀의 축복 등 이 땅에서 누릴 수 있는 모든 복을 받음은 물론, 가장 아름다운 천국 새 예루살렘 성에서 영원한 영광 중에 거하시기를 주님의 이름으로 축원합니다.

2011년 2월
이재록 목사

CONTENTS

My Father Will Give to You in My Name

펴내는 글   5

Chapter 1
어떻게 해야 응답을 받는가   11

Chapter 2
두 마음을 품지 말아야   25

Chapter 3
응답에 대한 영계의 법칙과 일곱 영   39

Chapter 4
좋은 것 주기를 원하시는 하나님   57

Chapter 5
불의 응답을 받은 엘리야　　　　　　　73

Chapter 6
마음의 소원을 이루려면　　　　　　　87

Chapter 7
온전한 응답을 받으려면　　　　　　　101

Chapter 8
심고 거두는 축복의 비결　　　　　　　117

Chapter 1

어떻게 해야
응답을 받는가

믿음으로 구하여 응답받은 가나안 여인

응답을 약속하신 하나님

기도해도 응답받지 못하는 이유

하나님께서 응답하시는 기도

자녀들아 우리가 말과 혀로만
사랑하지 말고 오직 행함과 진실함으로 하자 …
만일 우리 마음이 우리를 책망할 것이 없으면
하나님 앞에서 담대함을 얻고
무엇이든지 구하는 바를 그에게 받나니
이는 우리가 그의 계명들을 지키고
그 앞에서 기뻐하시는 것을 행함이라

요한일서 3:18~22

My Father Will Give to You in My Name

하나님의 자녀로서 누리는 큰 기쁨 중의 하나는 전지전능하신 하나님이 살아 계셔서 우리의 기도에 응답하신다는 점입니다. 이러한 사실을 믿는 사람은 소원을 응답받아 하나님께 영광 돌리기 위해 열심히 기도합니다. 요한일서 5장 14절에 보면 우리가 하나님 뜻대로, 곧 믿음과 진리 가운데 구하면 무엇이든지 응답받을 수 있음을 말씀합니다. 하나님의 자녀가 세상에 살면서 담대할 수 있는 것은 이처럼 하나님께서 응답을 약속하셨기 때문입니다.

아무리 악한 부모라도 아들이 떡을 달라는데 돌을 주거나 생선을 달라는데 뱀을 주지는 않습니다. 하물며 하나님께서 그의 자녀들이 하나님 뜻대로 무엇을 구할 때 좋은 것으로 주시지 않겠습니까?

믿음으로 구하여 응답받은 가나안 여인

마태복음 15장에는 가나안 여인이 예수님 앞에 나아와 마음의 소원을 응답받은 장면이 나옵니다. 흉악한 귀신 들린 딸로 인해 고통받던 여인이 즉시 응답받을 수 있었던 이유는 하나님 뜻대로 구했기 때문입니다. 예수님에 대한 소문을 들은 가나안 여인은 그분을 만나 뵙기를 간절히 사모했습니다. 그러던 중 마침내 그 지방을 지나가시는 예수님을 만났습니다. 그녀는 예수님께 "주 다윗의 자손이여 나를 불쌍히 여기소서" 하며 딸을 치료해 주실 것을 구하였습니다.

그런데 예수님은 한 말씀도 대답지 않으셨습니다. 여인은 절하며 다시 "주여 저를 도우소서" 하고 간청합니다. 이에 예수님께서는 "자녀의 떡을 취하여 개들에게 던짐이 마땅치 아니하니라" 하며 거절하십니다. 여인의 믿음을 시험한 것입니다. 보통 사람이라면 그 말에 몹시 낙심하거나 자존심이 상할 수도 있습니다.

하지만 여인은 낙심하지 않고 "주여 옳소이다마는 개들도 제 주인의 상에서 떨어지는 부스러기를 먹나이다"라고 고백했습니다. 겸비한 마음으로 믿음을 내보인 것입니다. 이처럼 믿음의 고백을 하니 예수님께서는 "여자야 네 믿음이 크도다 네 소원대로 되리라" 말씀하셨습니다. 그러자 즉시 딸에게서 귀신이 나가 온전케 되었습니다.

우리도 이와 같이 응답받기 위해서는 하나님의 뜻에 따라 끝까지 믿음으로 구해야 합니다.

응답을 약속하신 하나님

하나님께서는 성경 곳곳에 우리의 간구와 기도에 응답하실 것을 약속하셨습니다. 이 약속을 의심치 않고 무엇이든지 하나님의 뜻에 따라 믿음으로 구하면 응답받을 수 있습니다.

마태복음 7장 7~8절을 보면 "구하라 그러면 너희에게 주실 것이요 찾으라 그러면 찾을 것이요 문을 두드리라 그러면 너희에게 열릴 것이니 구하는 이마다 얻을 것이요 찾는 이가 찾을 것이요 두드리는 이에게 열릴 것이니라" 말씀하셨습니다.

요한복음 15장 7절에는 "너희가 내 안에 거하고 내 말이 너희 안에 거하면 무엇이든지 원하는 대로 구하라 그리하면 이루리라" 하셨고, 요한복음 14장 13절에는 "너희가 내 이름으로 무엇을 구하든지 내가 시행하리니 이는 아버지로 하여금 아들을 인하여 영광을 얻으시게 하려 함이라" 말씀하셨습니다. 이 밖에도 하나님의 뜻대로 구하면 응답하겠다고 약속하신 말씀이 곳곳에 있습니다(렘 29:12~13 ; 요일 5:14).

마가복음 1장 40~42절을 보면 어느 문둥병자가 예수님 앞에 꿇어 엎드려 "원하시면 저를 깨끗게 하실 수 있나이다"라고 말합니다. 예수님이 손을 내밀어 그에게 대시며 "내가 원하노니 깨끗함을 받으라" 하시니 문둥병이 떠나 깨끗해졌습니다. 이와 같이 하나님께서는 믿고 구하는 사람에게 응답해 주십니다.

기도해도 응답받지 못하는 이유

우리가 하나님의 뜻을 좇아 믿고 기도하며 말씀대로 지켜 행할 때 하나님은 축복과 응답으로 함께하십니다. 그런데 나름대로 신앙생활을 하며 기도하는데도 응답이 없다면 왜 그런 것일까요? 성경을 통하여 그 이유를 살펴보겠습니다.

죄를 품고 기도하기 때문입니다

시편 66편 18절에 "내가 내 마음에 죄악을 품으면 주께서 듣지 아니하시리라" 하였고, 이사야 59장 1~2절에는 "여호와의 손이 짧아 구원치 못하심도 아니요 귀가 둔하여 듣지 못하심도 아니라 오직 너희 죄악이 너희와 너희 하나님 사이를 내었고 너희 죄가 그 얼굴을 가리워서 너희를 듣지 않으시게 함이니" 하였습니다. 이처럼 우리 마음에 죄악이 있으면 원수 마귀 사단이 기도를 차단하므로 응답받을 수 없습니다. 하나님께 자신의 죄를 철저히 회개하고 구할 때라야 응답을 받게 됩니다.

형제와 불목한 상태에서 기도하기 때문입니다

예수님이 가르쳐 주신 기도에는 "우리가 우리에게 죄지은 자를 사하여 준 것같이 우리 죄를 사하여 주옵시고"(마 6:12) 했고, 마태복음 18장 35절에는 "너희가 각각 중심으로 형제를 용서하지 아니하면 내 천부께서도 너희에게 이와 같이 하시리라" 말씀하셨습니다. 나에게 죄지은 형제를 중심에서 용서하지 않으면 자신도 하나님께 용서받을 수 없다는 것입니다. 그러니 기도해도 하나님께 상달되지 않고 응답이 오지 않습니다. 따라서 부부나 부모 형제간에, 혹은 이웃 간에 다툼이나 불화가 있다면 먼저 화해하고 기도해야 합니다.

욕심으로 기도하기 때문입니다
하나님께서는 "먹든지 마시든지 무엇을 하든지 다 하나님의 영광을 위하여 하라"(고전 10:31) 하셨습니다. 그러므로 하나님의 영광이 아닌 정욕으로 쓰려고 구하는 기도에는 응답하시지 않습니다(약 4:2~3). 예를 들어, 착하고 공부도 잘하는 자녀가 필요한 것을 말하면 부모는 기쁘게 사 줍니다. 그런데 평소에 행실이 나쁘고 순종하지 않는 자녀가 용돈을 달라 하면 혹여 나쁜 길로 갈까 염려하여 주지 않는 것과 같습니다.

우상 숭배자를 위해 기도하기 때문입니다
우상 숭배란 하나님 외에 다른 신을 섬기거나 형태가 없는 신을 형상으로 만들어 섬기는 것으로서 하나님이 가장 싫어하십니다(출 20:3~6). 그럼에도 우상을 숭배하여 사망의 길로 간다면 가정, 일터, 사업터 등이 잘되는 것은 아무 의미가 없기 때문에 그를 위해 기도해도 응답하시지 않습니다. 따라서 우상 숭배하는 사람을 위해서는 물질이나 건강 등 육적인 것보다 먼저 그의 영혼 구원을 위해 기도해야 합니다.

의심하면서 기도하기 때문입니다

어떤 사람은 기도는 하지만 응답에 대한 믿음이 없습니다. 그런데 야고보서 1장 6~7절에 '오직 믿음으로 구하고 조금도 의심치 않아야 응답받을 수 있다' 했으니 의심하는 사람은 응답을 받을 수 없습니다. 하나님은 믿음으로 기도하는 것을 기쁘게 받으십니다(히 11:6).

성경을 보면 믿음을 내보인 사람들에게 하나님께서 응답하셨고, 비록 이방인이라 해도 큰 믿음을 내보이면 하나님의 인정과 사랑을 받았던 것을 볼 수 있습니다. 그러나 설령 예수님의 제자라 할지라도 믿음이 적으면 책망을 받았습니다.

마가복음 11장 24절에 "무엇이든지 기도하고 구하는 것은 받은 줄로 믿으라 그리하면 너희에게 그대로 되리라" 하셨으니 의심하지 말고 오직 믿음으로 구해야 합니다. 그럴 때 의학으로 치료할 수 없는 질병이나 사람이 해결할 수 없는 어떤 문제라 해도 하나님께서 응답해 주십니다.

계명을 지키지 않고 기도하기 때문입니다

요한복음 14장 21절을 보면 "나의 계명을 가지고 지키는 자라야 나를 사랑하는 자니 나를 사랑하는 자는 내 아버지께 사랑을 받을 것이요 나도 그를 사랑하여 그에게 나를 나타내리라" 하셨습니다. 계명을 지키는 것이 하나님을 사랑하는 것이요, 그런 사람이 하나님과 주님의 사랑을 받을 수 있다는 것입니다. 우리가 계명을 지키고 하나님의 기뻐하시는 것을 행하면 담대함을 얻고 무엇이든지 구하는 것을 받습니다(요일 3:21~22).

반대로 계명을 지키지 않으면 응답하시지 않습니다. 만일 이런 사람에게 응답하시면 하나님의 공의에 합당치 않을 뿐 아니라 계명을 지키려고 노력하지 않을 것이기 때문입니다. 잠언 8장 17절에 "나를 사랑하는 자들이 나의 사랑을 입으며 나를 간절히 찾는 자가 나를 만날 것이니라" 하셨으니 하나님을 사랑하여 그의 계명을 지키는 사람은 살아 계신 하나님을 만나 기도에 응답을 받을 수 있습니다.

믿음으로 심지 않고 기도하기 때문입니다

갈라디아서 6장 7절에 "스스로 속이지 말라 하나님은 만홀히 여김을 받지 아니하시나니 사람이 무엇으로 심든지 그대로 거두리라" 말씀했으니 심지 않고는 거둘 수 없습니다. 기도로 심으면 영혼이 잘되고 물질로 심으면 물질의 축복을 받습니다. 봉사로 심으면 건강해지는 등 무엇이나 심은 대로 거두기 때문에 응답을 받으려면 믿음으로 열심히 심어야 합니다.

하나님을 사랑하는 사람은 응답받을 문제나 감사의 조건이 없을 때에도 부지런히 심습니다. 구원해 주신 은혜만으로도 더할 나위 없이 감사하기 때문입니다. 이런 사람은 항상 넘치도록 축복을 받으며 살아갑니다. 더구나 응답받아야 할 것이 있다면 더욱 정성스럽게 심어야 합니다. 혹여 하나님 앞에 심지 않고 응답받기를 바랐다면 이를 회개하고 기쁨과 감사로 심어야 합니다.

하나님께서 응답하시는 기도

처음 신앙생활을 시작한 사람은 영적으로는 갓 태어난 아기와 같으므로 하나님께서 쉽게 응답해 주십니다. 아직 진리를 온전히 알지 못하는 때이니 하나님 말씀대로 조금만 행해도 우는 아기에게 젖을 주듯이 금방 응답하시는 것입니다. 그러나 차츰 진리를 들어 알고 깨우침으로 갓난아기의 때가 지나면 진리를 깨달은 만큼 행함이 따를 때에 응답하십니다. 영적으로 갓난아기 때가 지났는데도 여전히 죄를 지으며 말씀대로 살지 않는다면 응답받을 수 없으며, 이때부터는 악을 버리고 성결을 이루어 나가는 만큼 응답을 받게 됩니다.

욥은 순전하고 정직하였으나 하나님을 지식적으로 아는 믿음을 가지고 있었습니다. 그러니 자신의 생명을 위협하는 큰 시험이 오자 마음의 악이 드러나 하나님을 원망하였습니다. 심지어 '나의 의를 빼앗으신 하나님, 나의 영혼을 괴롭게 하신 전능자'라는 말까지 합니다. 그러나 하나님을 만난 뒤에는 철저히 회개하고 변화되어 하나님께서 기뻐하시는 믿음을 소유하므로 갑절의 축복을 받았습니다(욥 42:5~10).

요나도 하나님의 말씀에 불순종하여 큰 물고기 뱃속에 갇혔으나 회개하며 감사 기도를 드리니 하나님은 물고기를 명하여 그를 육지에

토하게 하셨습니다(요 2:1~10). 마찬가지로 우리도 죄를 회개하고 하나님의 뜻을 좇으며 믿음으로 부르짖어 간구하면 원수 마귀 사단이 물러가고 시험 환난이 떠납니다. 질병이 사라지고 자녀, 물질, 직장의 문제 등 인생의 모든 문제가 해결되며 축복이 임하여 하나님께 영광 돌리게 됩니다.

우리가 기도에 응답을 받아 하나님께 영광 돌리면 하나님은 영광을 받으시는 데 그치는 것이 아니라 '무엇을 줄꼬' 하며 또다시 주실 축복을 준비하십니다. 부모가 자녀에게 무엇을 주었을 때 감사해 하며 부모를 기쁘게 하면 마음이 흡족하여 다음에 또 주고자 하는 것과 같습니다.

그러므로 항상 자신을 돌아보아 죄를 회개하고 하나님 말씀대로 순종해 나가는 것이 중요합니다. 마음 중심에서 회개하고 진리 안에 살며, 하나님의 뜻대로 구하여 풍성한 응답과 축복을 받으시기 바랍니다.

COLUMN VIEW
칼럼 뷰

얼굴에 빛이 나는 사람

대단한 인기를 얻은 코미디언이 있었습니다. 그의 공연은 매우 재미있어 보는 사람마다 웃음을 터뜨리게 했습니다. 그 코미디언이 런던에서 공연할 때의 일입니다.

어느 정신과 병원에 몹시 야윈 한 중년 신사가 찾아와 진찰을 받고 의사의 처방대로 1주일 동안 약을 먹었습니다. 그런데 그가 다시 병원을 찾았을 때 차도가 있기는커녕 더 침통한 모습이었습니다. 이를 본 의사가 한 가지 권유를 합니다.

"지금 런던에는 유명한 코미디언이 정신질환을 앓는 환자들을 돕는 공연을 하고 있으니 그 공연을 보고 마음껏 웃어 보시지요."

그러자 중년 신사는 머뭇거리더니 고개를 떨구며 말했습니다.

"선생님, 그 코미디언이 바로 접니다."

많은 사람에게 웃음을 주는 사람이라도 정작 자신의 마음의 병은 어찌할 수 없었던 것입니다.

　잠언 15장 13절을 보면 "마음의 즐거움은 얼굴을 빛나게 하여도 마음의 근심은 심령을 상하게 하느니라" 말씀합니다. 우리가 세상을 살아갈 때에 서로에게 항상 기쁨과 유익을 준다면 얼마나 행복하겠습니까? 어디를 가든지 무엇을 하든지 즐거울 것입니다. 어떤 일에도 자신감이 넘치고 먹는 것마다 소화가 잘되니 건강할 수 있습니다.

　그러므로 마음이 즐거운 사람은 얼굴에 화색이 돌고 빛이 납니다. 이처럼 항상 즐거움으로 가득하기 위해서는 어떻게 해야 할까요? 이에 대한 답은 하나님 말씀을 좇아 미움, 시기, 질투, 분노, 혈기 등의 악을 버리고 정도를 걷는 것입니다. 하나님을 사랑하며 이웃을 사랑하고 상대의 허물을 용서하며, 모두와 화평하고 범사에 감사한다면 기쁘지 않겠습니까? 누구든지 마음의 악을 버리고 하나님 말씀에 순종하면 즐거움으로 얼굴에 빛이 나며 하나님의 응답과 축복이 넘쳐나는 삶을 영위할 수 있습니다.

Chapter 2

두 마음을 품지 말아야

응답을 받으려면 믿음으로 구해야

참 믿음으로 구하는 사람의 특징

두 마음을 품지 않고 참 믿음으로 구하려면

오직 믿음으로 구하고 조금도 의심하지 말라
의심하는 자는 마치 바람에 밀려 요동하는 바다 물결 같으니
이런 사람은 무엇이든지 주께 얻기를 생각하지 말라
두 마음을 품어 모든 일에 정함이 없는 자로다

야고보서 1:6~8

My Father Will Give to You in My Name

　식당에 가면 두 가지 메뉴를 놓고 오랫동안 고민하는 사람들이 있습니다. '무엇을 먹을까?' 하며 이리저리 생각하다가 어렵사리 한 가지를 선택합니다. 그런데 막상 자신이 포기한 메뉴를 다른 사람이 맛있게 먹는 모습을 보면 '저게 더 맛있어 보인다. 저걸 주문할 걸…' 하고 후회합니다. 자신이 택한 것을 맛있게 먹으면 행복할 텐데 선택하지 않은 쪽에도 미련을 가지니 식사가 백 퍼센트 만족스러울 리 없습니다.
　하나님께 무엇을 구할 때도 두 마음을 갖는 사람이 있습니다. 진정 하나님을 믿는다면 문제를 만났을 때, 또는 소원이 있을 때 하나님께 구하여 응답받고자 할 것입니다. 하나님을 의지하기로 마음먹었으면 응답받을 때까지 그 마음이 변함없어야 합니다. 그런데 하나님께 구하긴 하는데 기대와 달리 응답이 더디면 마음에 의심이 생깁니다. '그냥 세상 방법대로 했으면 간단했을 텐데, 지금이라도 다른 길을 찾아볼까?' 하고 갈등하는 것이지요.

응답을 받으려면 믿음으로 구해야

야고보서 1장 6~8절을 보면 "오직 믿음으로 구하고 조금도 의심하지 말라 의심하는 자는 마치 바람에 밀려 요동하는 바다 물결 같으니 이런 사람은 무엇이든지 주께 얻기를 생각하지 말라 두 마음을 품어 모든 일에 정함이 없는 자로다" 했습니다.

두 마음을 품는다는 것은 하나님께 무엇을 구할 때 의심하는 것입니다. "하나님, 응답하실 줄 믿습니다." 하면서도 다른 한편으로는 '정말 응답해 주실까?' 하고 의심합니다. 이렇게 두 마음을 품으면 아무리 구해도 응답받을 수가 없습니다. 하나님께서 응답해 주실 것을 조금도 의심하지 말고 온전히 믿어야 합니다.

예수님께서도 하나님께 구할 때는 반드시 믿음으로 구할 것을 말씀하셨습니다(막 11:24). 구한 것을 '받을 줄로 믿으라' 하시지 않고 이미 '받은 줄로 믿으라' 하셨습니다. 그러므로 우리가 기도할 때 참 믿음으로 구하고 있는지, 혹 두 마음을 품어 응답이 더딘 것은 아닌지 점검해 보아야 합니다.

자신은 믿음으로 구했다고 생각하는데 하나님 보시기에는 아닌 경우가 있습니다. 하나님께서 원하시는 믿음은 조금도 의심하지 않는 '참 믿음'입니다. 믿음에는 '참 믿음'과 '지식적인 믿음'이 있는데 각각 '영적인 믿음'과 '육적인 믿음'이라고도 합니다. 참 믿음은 하나님과 예수 그리스도를 마음 중심에서 진정 믿는 믿음입니다. 반면 지식적인 믿음이란 단지 하나님에 대해 듣고 아는 것을 말합니다. 하나님에 대한 지식은 있지만 마음으로 믿는 것이 아니므로 이 믿음은 시험이 오면 참 믿음이 아니라는 사실이 드러납니다.

지식적인 믿음을 가진 사람은 그동안 말씀을 들어왔기에 하나님이 전지전능하심을 잘 압니다. 그러나 마음 중심으로 믿는 것은 아니기 때문에 하나님을 전적으로 의지하지 못하고 세상에 의존합니다. 의심하는 사람, 곧 두 마음을 품는 사람은 바로 이런 지식적인 믿음을 가졌다고 할 수 있습니다.

참 믿음으로 구하는 사람의 특징

참 믿음으로 구할 때와 지식적인 믿음으로 구할 때는 그 과정과 결과가 확연히 구분됩니다. 우리가 참 믿음으로 구한다는 증거가 있어야 응답받을 수 있습니다. 과연 참 믿음으로 구하는 사람은 지식적인 믿음으로 구하는 사람과 무엇이 다를까요?

참 믿음으로 구하는 사람은 어떤 상황에서도 마음이 평안합니다
참 믿음으로 구하는 경우에는 응답될 것을 분명히 믿기 때문에, 설령 원치 않는 상황을 만난다 해도 마음의 평안을 잃지 않습니다. 반면에 두 마음을 품고 구하는 사람은 마음이 불안하고 초조합니다. 시험 환난이 오면 마음이 요동하지요.

예를 들어, 어린 자녀가 온몸에 고열이 나서 위급한 상황이라고 합시다. 자녀가 아프면 부모는 차라리 자신이 대신 아픈 게 낫다 여길 만큼 안타까운 마음이 듭니다. 이때 믿음이 있는 사람이라면 하나님을 의지하고자 할 것입니다. 회개할 것을 찾아 회개하고 금식하며 기도합니다. 그런데 이렇게 하나님을 의지했는데도 오히려 열이 더 펄펄 끓는다면 마음이 어떨까요?

참 믿음으로 하나님을 의지했다면 이런 상황이 되어도 마음이 요동하지 않고 감사할 수 있습니다. 반면에 지식적인 믿음으로 구한 경우에는 '정말 괜찮아질까? 더 심해지면 어쩌나?' 하는 염려로 불안하고 초조합니다. 나아가 '믿음으로 구했는데 왜 낫지 않을까?' 하고 하나님을 원망하기도 합니다. 바로 이런 마음을 품은 것 자체가 참 믿음이 아니었음을 말해 줍니다. '나는 이럴 때 과연 어떤 모습일까?' 자신의 마음을 잘 살피시기 바랍니다.

참 믿음으로 구하는 사람은 변개하지 않습니다

참 믿음이 있는 사람은 응답받을 때까지 변함없이 구합니다. 반면에 두 마음을 품고 구하는 사람은 응답이 더디거나 자신이 바라는 대로 되지 않으면 대부분 변개합니다. 예를 들어, 어떤 제목을 놓고 기도를 작정했다가 중간에 임의로 깨뜨립니다. 즉 기도제목을 바꾸거나 목표치를 낮추기도 하는데 이는 하나님을 신뢰하지 못하는 모습입니다.

대부분의 사람은 구하는 것을 즉시 응답받기 바라고 자신의 바람대로 이뤄지기를 원합니다. 그러나 하나님은 각 사람의 믿음의 분량, 공의 등 여러 조건을 고려하여 가장 합당한 때에 가장 좋은 것으로 응답해 주십니다. 그렇기 때문에 사람에 따라 응답받는 속도와 방법이 다를 수 있습니다.

예수님께서 병자들을 고치실 때도 경우에 따라 조금씩 다른 방법을 적용하셨습니다. 12년간이나 혈루증을 앓던 여인은 예수님의 겉옷 자락을 만지자 즉시 병이 나았습니다. 그러나 요한복음 9장에 나오는 소경은 좀 달랐습니다. 예수님께서는 땅에 침을 뱉어 진흙을 이겨 소경의 눈에 바르시고 실로암 못에 가서 씻으라 말씀하셨습니다.

소경의 입장에서는 이런 방법이 자신이 기대한 바와 달랐을 수 있습니다. 그러나 그는 말씀에 순종하여 갑니다. 실로암 물에 씻으니 밝은 눈이 되었습니다. 만약 치료의 기미가 보이지 않는다 해서 중간에 의심하거나 변개하여 돌아갔다면 치료받을 수 없었을 것입니다.

우리도 믿음으로 하나님께 구하다 보면 이런 상황을 만날 수 있습니다. 예를 들어, 급하게 목돈을 지출할 일이 생겨 하나님께 간절히 기도합니다. 그런데 별다른 응답 없이 지출 날짜가 내일로 다가왔습니다. 이때 "왜 하나님께서 응답해 주시지 않을까?" 하고 낙심해 버린다면 이는 변개한 것입니다. 참 믿음으로 구했다면 지출 당일이라도, 지출하기 1분 전이라도 하나님께서 기적적으로 응답해 주실 수 있습니다. 중간에 변개하여 참 믿음을 보이지 못하기 때문에 하나님께서 응답해 주실 수 없는 것입니다.

물론 변개하지 않아야 한다 해서 하나님의 뜻이 아닌 것을 끝까지 고집스럽게 구해야 한다는 의미는 아닙니다. 요한일서 5장 14절에 "그를 향하여 우리의 가진 바 담대한 것이 이것이니 그의 뜻대로 무엇을 구하면 들으심이라" 하셨으니 하나님께 응답을 구할 때는 어떤 것이 하나님의 뜻인지 기도하여 잘 분별하는 지혜도 필요합니다. 또 변함없이 구한다 해도 정욕을 위한 목적이라면 응답이 오지 않는다는 것을 알아야 합니다.

참 믿음으로 구하는 사람은 부르짖어 기도합니다

구하는 것을 반드시 응답해 주실 줄 믿기에 힘쓰고 애써 부르짖어 기도하는 것입니다. 예레미야 33장 3절에 "너는 내게 부르짖으라 내가 네게 응답하겠고 네가 알지 못하는 크고 비밀한 일을 네게 보이리라" 말씀하셨습니다. 이 말씀을 주실 때 예레미야는 유다 왕 시드기야의 마음에 맞지 않는 예언을 했다 하여 시위대 뜰에 갇혀 있었습니다. 당시 유다 왕국은 바벨론의 침략으로 피폐해져 매우 절망적인 상태였습니다.

이런 상황에서도 예레미야가 순종하여 부르짖었을 때 하나님께서는 소망의 말씀을 주십니다. 비밀한 말씀, 곧 바벨론에 의해 멸망한 예루살렘이 회복될 것이라는 말씀을 주신 것입니다. 믿음으로 구하는 사람은 이처럼 아무리 암담한 현실에 처해도 부르짖어 기도합니다.

소경 바디매오도 예수님이 지나가신다는 말을 듣고는 "다윗의 자손 예수여 나를 불쌍히 여기소서"(눅 18:38) 하고 큰 소리로 예수님께 부르짖었습니다. 예수님께서 자신을 고쳐 주실 것을 확신했기에 주변의 만류에도 아랑곳하지 않고 부르짖었던 것입니다. 이처럼 부르짖는 기도를 통해 믿음이 얼마나 신실한지가 표현됩니다.

참 믿음으로 구하지 않는 사람은 해결받을 문제가 있거나 축복을 받고자 해도 힘써 부르짖지 않습니다. 응답의 기미가 보이지 않으면 더욱 부르짖어야 하는데 오히려 힘이 빠져서 부르짖지 못합니다. 이는 응답에 대한 믿음이 확고하지 못하기 때문입니다.

두 마음을 품지 않고 참 믿음으로 구하려면

우리가 무엇을 구하든지 하나님께 응답을 받으려면 의심하지 않고 참 믿음으로 구해야 합니다. 그런데 이것이 쉽지만은 않습니다. 의심하지 않으려고 하는데도 의심이 들고 중간에 변개하기도 하며 때로는 부르짖지 못합니다. 참 믿음, 곧 영적인 믿음은 내가 원한다 해서 가질 수 있는 것이 아니라 하나님이 주셔야만 하기 때문입니다. 우리가 참 믿음을 이루는 데에는 일련의 과정이 따릅니다.

그러면 어떻게 해야 하나님께서 참 믿음을 주실까요?

먼저, 하나님께만 구하겠다는 결단이 있어야 합니다. 해결해야 할 인생의 문제, 마음의 소원이 있을 때 필요한 모든 것을 오직 하나님께만 구하겠다는 의지가 있어야 하지요. 순간순간 의심이 들고 세상의 유혹이 와도 단호히 물리치고 변함없이 하나님만을 의지해야 하는 것입니다.

그리고 성령님의 인도를 따라 열심히 진리를 행해 나가야 합니다. 어떻게 하면 하나님께서 기뻐하시는지 말씀을 듣는 중에, 또는 기도 중에 깨달으면 그것을 열심히 행해야 합니다. 물론 그럼에도 원하는 만큼 신속히 응답이 오지 않을 수도 있습니다. 그러나 하나님은 공짜가 없으십니다.

육의 부모도 어린 자녀가 부모를 전적으로 의지하며 품에 안겨오면 아이가 사랑스럽고 마음이 흐뭇합니다. 마찬가지로 하나님도 자녀들이 오직 하나님만을 의지하면 기뻐하십니다. 공의의 법칙상 당장 응답해 주실 수는 없다고 해도 진리를 행하는 과정을 통해 영혼이 잘되게 하십니다. 바로 육신의 생각을 하나 둘 깨뜨리고 마음에서 비진리를 버릴 수 있게 도우시는 것입니다.

로마서 8장 7절에 "육신의 생각은 하나님과 원수가 되나니 이는 하나님의 법에 굴복지 아니할 뿐 아니라 할 수도 없음이라" 했습니다. 이 말씀대로 육신의 생각, 곧 비진리의 생각이 있으면 참 믿음을 가질 수 없습니다. 이 육신의 생각은 마음속에 있는 비진리로부터 나옵니다. 따라서 마음의 비진리를 벗어 버리는 만큼 중심에서 믿어지는 참 믿음이 주어집니다. 원수 마귀 사단의 조종을 받지 않고 진리의 영인 성령의 음성을 듣기 때문입니다.

    이렇게 성령의 음성을 들어 나가면 마음에 담대함과 응답의 확신이 옵니다. 요한일서 3장 21~22절에 "사랑하는 자들아 만일 우리 마음이 우리를 책망할 것이 없으면 하나님 앞에서 담대함을 얻고 무엇이든지 구하는 바를 그에게 받나니"라고 했으니, 항상 진리의 말씀대로 행하며 모든 상황 속에서 오직 하나님만을 의지함으로 구하는 것마다 응답받으시기 바랍니다.

COLUMN VIEW
칼럼 뷰

화목으로 향한 길

어느 노부부의 이야기입니다. 어느 날 부부가 심하게 말다툼을 했습니다. 화가 난 할머니는 그 뒤부터 말을 하지 않았습니다. 식사 때가 되자 할아버지에게 밥상은 차려 주지만 한쪽에 앉아 말없이 바느질만 합니다. 할아버지가 식사를 마치자 또 말없이 물만 떠다 놓았습니다.

할아버지는 밥상을 사이에 두고 마주 앉아 도란도란 이야기를 나누던 할머니가 한마디 말도 하지 않자 가슴이 답답했습니다. 빨리 할머니의 침묵을 깨고 예전처럼 다정하게 지내고 싶었지요. 할아버지는 갑자기 일어나서 옷장을 열고 무엇인가 찾기 시작했습니다. 여기저기 서랍도 뒤지며 열심히 찾았습니다.

처음에는 못 본 척하던 할머니도 할아버지가 옷장 속의 옷과 서랍 안의 물건들을 꺼내놓으며 점점 더 방 안을 어지럽히자, 궁금증을 견디지 못하고 퉁명스럽게 말문을 열었습니다.

"뭘 찾는데 그래요?"
그러자 할아버지가 빙그레 웃으며 대답했습니다.
"이제야 찾았네. 당신의 목소리를 찾고 있었는데…."

잠언 17장 1절에 보면 "마른 떡 한 조각만 있고도 화목하는 것이 육선이 집에 가득하고 다투는 것보다 나으니라" 말씀합니다. 가정의 화목이 얼마나 값진지를 알려 주는 말씀입니다. 부와 명예와 권세를 누린다 해도 마음이 평안하지 못하면 진정한 행복을 누릴 수 없기 때문입니다.

사소한 일로 오해가 생겼는데 자존심 때문에 터놓고 대화하지 않기에 감정의 골이 깊어지는 경우가 있습니다. 하지만 어떤 문제가 있다 해도 화목을 이루는 일은 아주 쉽고 간단합니다. 자신을 낮추고 모든 일을 상대의 입장에서 생각하며 서로 섬기고 배려하면 상하고 얽힌 감정도 쉽게 풀립니다. 자신이 함께하는 모든 곳에서 사람들과 화목하여 행복이 넘쳐나며 하나님의 사랑을 받는 여러분이 되시기 바랍니다.

Chapter 3

응답에 대한
영계의 법칙과 일곱 영

응답에 대한 영계의 법칙

일곱 영이 측정하는 요소

응답 여부를 결정하는 일곱 영

예수께서 나가사 습관을 좇아
감람산에 가시매 제자들도 좇았더니 …
예수께서 힘쓰고 애써 더욱 간절히 기도하시니
땀이 땅에 떨어지는 핏방울같이 되더라
기도 후에 일어나 제자들에게 가서
슬픔을 인하여 잠든 것을 보시고 이르시되 어찌하여 자느냐
시험에 들지 않게 일어나 기도하라 하시니라

누가복음 22:39~46

My Father Will Give to You in My Name

하나님의 자녀에게는 믿음으로 기도하여 응답받을 수 있는 특권이 있습니다. 마태복음 21장 22절에 "너희가 기도할 때에 무엇이든지 믿고 구하는 것은 다 받으리라" 하셨기 때문입니다. 그렇다 하여 하나님께서 모든 기도에 무조건 응답하시는 것은 아닙니다. 하나님은 사랑의 하나님인 동시에 공의의 하나님이기 때문에 응답도 반드시 공의에 맞게 하십니다.

만약 공의의 법칙에 상관없이 모든 기도가 응답된다면 세상이 얼마나 혼란해지겠습니까? 어떤 사람이 "경쟁 회사가 망하고 우리 회사만 잘되게 해 주세요."라고 기도했는데 응답된다면 어떻게 되겠습니까? 이렇게 욕심과 악한 마음으로 하는 기도, 자기 유익만을 구하는 기도는 공의의 법칙에 맞지 않으므로 하나님께서 응답해 주실 수 없습니다.

응답에 대한 영계의 법칙

　우리가 하나님의 응답을 받기 위해서는 먼저 공의의 법칙을 알아야 합니다. 자녀가 부모의 마음을 알아야 쉽게 응답받을 수 있는 것처럼 하나님의 공의를 알아 합당하게 구해야 하는 것입니다. 성경에는 하나님의 마음이 담겨 있고 어떻게 하면 하나님을 기쁘시게 하며 응답받을 수 있는지 상세히 기록되어 있습니다.
　그러면 하나님의 마음과 응답의 기준을 제시해 주는 것은 무엇일까요? 바로 일곱 영입니다. 하나님의 마음 안에는 여러 가지 속성이 있는데 그중에 일곱 가지 측면에서 살피시는 하나님의 마음을 일곱 영이라 합니다.
　하나님께서는 일곱 영의 측정 결과에 따라 기도 응답의 여부를 결정하십니다. 여기서 일곱은 하나님의 영이 일곱 개라는 뜻이 아닙니다. 완전수로서 영이신 하나님의 완전성을 나타내며, 조금의 실수나 착오도 없이 모든 것을 정확하고 완벽하게 감찰한다는 의미에서 일곱 영이라 하는 것입니다.
　요한계시록 5장 6절을 보면 "내가 또 보니 보좌와 네 생물과 장로들 사이에 어린 양이 섰는데 일찍 죽임을 당한 것 같더라 일곱 뿔과 일곱 눈이 있으니 이 눈은 온 땅에 보내심을 입은 하나님의 일곱 영이더라" 했습니다.
　완전한 영이신 하나님께서는 온 땅의 모든 사람을 두루 살피며 항상 감찰하시는데 이때 하나님의 마음인 일곱 영을 보내십니다. 일곱 영을 통해 모든 사람의 마음과 행실을 살피심으로, 합당한 사람에게 응답과 축복을 주십니다.

일곱 영을 이해하기 쉽게 비유하면 하나님 편에서 응답을 주기 위해 측정하시는 저울이라고 할 수 있습니다. 고기나 야채 등을 살 때에 저울에 무게를 달아서 그에 해당하는 값을 치러야 하듯이 우리가 하나님께 응답받을 때도 일곱 영의 측정에 비춰서 응답받을 조건에 합당해야 합니다.

일곱 영이 측정하는 요소

그러면 일곱 영은 무엇을 측정해서 응답의 여부를 결정할까요? 일곱 영은 사람의 모든 마음과 생각, 행실 등을 한 치 오차도 없이 측정하는데 일곱 가지 분야가 있습니다.

믿음을 측정합니다

성경에는 '믿음대로 되라' 했습니다. 진정 마음에 믿는 참 믿음, 영적인 믿음으로 기도했다면 반드시 실상으로 나타납니다. 그런데 나름대로 믿는다 고백하며 기도했는데도 응답이 없다면 영적인 믿음의 고백이 아니었기 때문입니다. 머리에 지식으로만 담고 있는 육적인 믿음의 차원에 머물러 있다는 말입니다. 하나님 말씀을 마음으로 믿는 것과 머리로 아는 것은 전혀 다릅니다. 아무리 많은 말씀을 알고 믿는다 고백해도 정작 마음으로 믿지 않으면 하나님께서는 그것을 영적인 믿음으로 인정하시지 않습니다.

영적인 믿음이란 눈에 보이지 않고 사람의 생각이나 지식에 맞지 않아도 마음에서 의심 없이 믿는 것입니다. 아무것도 없는 무에서 유가 창조되는 것을 믿는 믿음입니다. 이러한 믿음은 원한다 해서 마음대로 가질 수 있는 것이 아니라 마음의 악을 버리고 성결을 이루는 만큼 하나님께서 주십니다. 우리가 마음의 악을 버리며 기도할 때 위로부터 영적인 믿음이 오며 그 믿음대로 응답이 되는 것입니다.

믿음은 신앙의 가장 기본이 되는 요소입니다. 살아 계신 하나님을 믿고 그 아들 예수께서 우리의 구세주 되심을 믿으며 장차 심판이 있을 것과, 천국과 지옥이 있음을 믿는 것입니다. 이를 진정 믿는다면 삶이 변화될 수밖에 없습니다. 이 땅의 헛된 것에 소망을 두는 것이 아니라 영원한 천국에 소망을 두고 믿음의 선한 싸움을 하게 됩니다. 하나님 말씀대로 행하며 진리로 변화되어 가는 것입니다. 이렇게 변화될수록 믿음이 커지고 당연히 더 큰 믿음의 행함과 순종이 나옵니다. 일곱 영은 바로 이러한 것을 통해 '어느 정도 믿음이 있는가?' 측정하게 됩니다.

믿음을 가장 먼저 측정하는 것은 각 사람의 믿음의 분량에 따라 다른 분야의 측정 기준이 결정되기 때문입니다. 예를 들어, 어린아이 분량의 믿음을 가진 사람과 장성한 분량의 믿음을 가진 사람에 대해 똑같은 응답의 기준을 적용한다면 어떠할까요? 어린아이의 믿음을 가진 사람은 응답받기가 너무 어려워 아예 포기해 버릴 것입니다. 또한 장성한 믿음을 가진 사람은 쉽게 응답받으므로 더 깊은 영의 단계로 들어가기 위해 노력하지 않을 것입니다. 그래서 하나님은 각 사람의 믿음의 분량에 맞추어서 일곱 영이 측정하는 응답의 기준을 달리 정해 놓으셨습니다.

기쁨을 측정합니다

기쁨은 구원받은 하나님 자녀의 대표적인 증거입니다. 영원한 사망인 지옥에서 건짐 받아 천국에 가게 되었는데, 그 기쁨을 무엇과 비교할 수 있겠습니까? 또 주님을 믿기 전에는 온갖 인생의 문제로 눈물, 슬픔, 고통에 싸여 기쁨이 없는 삶을 살았는데, 구원받아 하나님의 사랑과 은혜 안에서 천국 소망 가운데 살아가게 되니 당연히 기쁨이 넘칩니다.

물론 '나는 하나님을 믿기 전에도 기뻐하며 살았습니다' 말할 사람도 있습니다. 그러나 기뻐할 만한 일이 있을 때만 기뻐하고 상황이 바뀌면 사라질 수 있는 기쁨이라면 참 기쁨이 아닙니다. 자신의 유익과 마음에 맞을 때라야 나오는 조건적인 기쁨도 마찬가지입니다.

주 안에서 누리는 영적인 기쁨은 상황과 조건에 상관없이 항상 기뻐하는 것입니다. 그 무엇과도 바꿀 수 없는 영원한 생명을 얻었고 천국에 대한 소망이 가득하기에 마음 중심에서 항상 샘솟는 기쁨입니다. 초대교회 성도들이 사자밥이 되면서도 기뻐하며 순교할 수 있었던 것처럼, 기쁨이야말로 구원받은 하나님의 자녀 된 징표요, 그리스도인을 구별하는 향기가 됩니다. 또한 기쁨은 믿음이 있다는 증거입니다. 하나님에 대한 확실한 믿음이 있으며 기도에 응답하실 것을 믿기에 어떠한 상황에서도 기쁨이 나오는 것입니다.

그런데 간혹 믿음이 있다 하는 사람 중에도 영적인 기쁨을 잃은 경우가 있습니다. 겉모습은 웃지만, 마음 중심에서 우러나오는 기쁨이 느껴지지 않지요. 하나님에 대한 뜨거운 사랑과 열심이 사라지고 미지근한 신앙에 머무르거나, 성령의 소욕을 좇지 못하고 세상 것을 취하여 하나님과의 사이에 죄의 담을 만들면 영적인 기쁨이 사라집니다.

그런 사람은 기도해도 오랫동안 응답이 지체되는데, 일곱 영이 기쁨을 측정할 때 합격하지 못했기 때문입니다. 혹여 영적인 기쁨이 없다면 자신을 돌아보아 하나님에 대한 사랑을 회복하고 신속히 죄의 담을 헐어 버림으로 일곱 영의 측정에 합격할 수 있어야 하겠습니다.

기도를 측정합니다

기도는 하나님의 마음과 뜻에 합당하게 해야 합니다. 하나님의 마음에 합당한 기도는 먼저, 습관을 좇아 하는 것입니다. "쉬지 말고 기도하라"(살전 5:17) 하신 대로, 매일 습관을 좇아 꾸준하게 해야 합니다. 그럴 때 늘 깨어 있어 시험에 들지 않으며 설령 어떤 어려움이나 시험이 온다 해도 신속하게 응답받고 통과할 수 있습니다.

다음으로, 무릎을 꿇고 기도해야 합니다. 성경상의 선지자들은 물론 예수님도 무릎을 꿇고 기도하셨습니다. 전지전능하신 하나님 앞에, 우리 힘으로 할 수 없는 것을 구하면서 겸비하게 무릎을 꿇고 아뢰는 것은 당연한 일입니다.

또한 하나님의 뜻에 따라 기도해야 합니다. 자기의 뜻이나 유익을 위해 하는 것이 아니라 하나님의 뜻을 좇아 해야 하지요. 그리고 힘쓰고 애써서, 부르짖어 기도해야 합니다. 예수님께서는 얼마나 힘쓰고 애써 기도하셨던지 땀이 땅에 떨어지는 핏방울같이 되셨다 했습니다(눅 22:44). 바로 이러한 기도를 통해 "너는 종신토록 수고하여야 그 소산을 먹으리라"(창 3:17) 하신 말씀처럼 수고와 땀의 소산으로 응답을 얻는 것입니다.

뿐만 아니라 마음 중심의 기도를 해야 합니다. 하나님께서는 사람을 외모로 취하지 않고 중심을 보시기 때문입니다. 아무리 애쓰고 힘써 기도하는 것 같아 보여도 중심의 기도를 올리지 않는다면 소용이 없습니다.

그리고 믿음과 사랑을 가지고 기도해야 합니다. 의심하면서 하는 기도는 응답될 수 없으니 정녕 하나님께서 응답하심을 믿고, 하나님을 사랑하는 마음으로 기도해야 하는 것입니다.

이처럼 일곱 영은 기도 한 가지를 측정함에 있어서도 단순히 기도를 하는지 안 하는지를 측정하는 것이 아닙니다. 하나님의 마음과 뜻에 맞게 기도하는지를 정확히 측정하여 기도에 대한 전체적인 평가를 내립니다.

감사를 측정합니다

기쁨과 함께 감사 역시 하나님의 자녀 된 증거로 나타나는 열매입니다. 믿음이 있는 사람은 어떤 상황에서도 중심에서 감사의 고백이 나옵니다. 구원의 은혜만 생각해도 감사할 수밖에 없습니다. 지옥에서 영원히 고통받을 영혼이 주님의 은혜로 천국에 가게 되었으니 어찌 감사하지 않겠습니까?

더구나 하나님께서 아버지가 되셔서 우리 삶을 한걸음 한걸음 인도해 가시니 범사에 감사하게 됩니다. 구원받은 하나님의 자녀라면 설령 감사의 조건이 없다 해도 감사해야 할 텐데, 신앙생활을 하면서 믿음이 커짐에 따라 감사의 조건이 많아지니 날이 갈수록 감사가 넘치게 됩니다.

그런데 감사할 일이 있을 때만 감사하고 어려운 일이 있을 때는 원망과 불평이 나온다면 이는 믿음 있는 사람의 모습과는 거리가 멉니다. 당장 눈앞에는 어려움이 있다 해도 오직 하나님을 믿고 감사의 기도를 드릴 때, 그 기도를 들으신 하나님께서 합력하여 선을 이루어 주십니다.

그러므로 "아무것도 염려하지 말고 오직 모든 일에 기도와 간구로 너희 구할 것을 감사함으로 하나님께 아뢰라"(빌 4:6) 하신 말씀에 의지하여 항상 감사의 삶을 사시기 바랍니다. 환경과 조건에 상관없이 범사에 감사함으로 하나님을 기쁘시게 하는 사람이야말로 감사의 조건을 끌어내릴 줄 아는 지혜로운 사람입니다.

계명을 지키는지 측정합니다

성경에는 무엇을 '하라, 하지 말라, 버리라, 지키라' 하신 말씀이 많이 있습니다. 그중에서도 십계명은 성경의 모든 계명을 함축하고 있습니다. 바로 이 십계명을 지키고 있는지 일곱 영의 측정에 합격점을 받을 때 응답이 됩니다.

요한일서 5장 3절에 "하나님을 사랑하는 것은 이것이니 우리가 그의 계명들을 지키는 것이라 그의 계명들은 무거운 것이 아니로다" 말씀한 대로 계명을 지키는 것은 하나님을 사랑한다는 증거입니다. 정말 사랑하면 상대가 원하는 것을 다 들어주고 싶듯이 하나님을 사랑하면 계명을 즐거이 지킬 수 있습니다.

반면 신앙생활을 오래 하고 믿음도 있다는 사람이 억지로 또는 사람의 눈치를 보아 지킨다면 이는 사랑도 아니고 참으로 계명을 지키는 것도 아닙니다. 그러므로 하나님을 진정 사랑하여 계명들을 지키되 반드시 즐거운 마음으로 행하기를 바랍니다. 이렇게 계명을 지킴으로 하나님을 신뢰하고 사랑하는 자녀라는 증거가 있어야 신속하게 응답받을 수 있습니다.

충성을 측정합니다

주의 종, 장로, 권사, 집사 등 각각의 직분에 합당하게 충성하는지를 측정합니다. 또한 기관장, 구역장, 그 외의 모든 사명자로서 맡은 바 사명을 얼마나 소중히 여기며 충성하는지를 측정합니다. 그런데 하나님의 일에만 충성한다 해서 온전한 충성이라 하지는 않습니다.

교회의 사명뿐 아니라 가정과 일터, 사업터 등 모든 곳에서 충성하는 것이 온전한 충성입니다. 남편, 아내, 자녀, 부모로서 각자 온 집에 충성해야 하는 것입니다. 물론 주의 일과 세상 일 중 하나만 택해야 한다면 당연히 주의 일을 택해야 하지만, 그렇다 하여 세상 일은 소홀히 해도 된다는 의미는 아닙니다. 어느 한 편에 치우치지 않고 하나님의 영광을 위하여 모든 분야에 충성해 나가야 합니다.

그런데 충성에 있어 무엇보다 중요한 것은 영적인 충성을 해야 한다는 점입니다. 곧 악을 버리는 마음의 할례를 함께해 나가는 영적인 충성이 되어야 한다는 말입니다. 하나님께서는 정녕 하나님을 닮은 거룩한 자녀가 중심에서 우러나오는 마음으로 드리는 영적인 충성을 원하시기 때문입니다.

사랑을 측정합니다

사랑은 지금까지의 항목 전체를 온전하게 엮는 띠와 같은 역할을 하며, 우리가 이 땅에서 경작받는 궁극적인 목적입니다. 하나님께서 첫 사람 아담을 지으시고 이 땅에 사람을 경작하시는 이유는 하나님과 영원히 사랑을 주고받을 참 자녀를 얻기 위해서입니다. 따라서 아무리 기도하고 충성한다 해도 하나님과 형제를 사랑하는 마음으로 하지 않으면 참된 의미가 없습니다.

고린도전서 13장 2~3절을 보면 "산을 옮길 만한 모든 믿음이 있을지라도 사랑이 없으면 내가 아무것도 아니요 내가 내게 있는 모든 것으로 구제하고 또 내 몸을 불사르게 내어 줄지라도 사랑이 없으면 내게 아무 유익이 없느니라" 했고, 고린도전서 13장 13절에는 믿음, 소망, 사랑 중에 제일은 사랑이라 말씀했습니다. 그러므로 기도하고 기뻐하며 감사하고 계명을 지키며 하나님 앞에 충성하는 모든 것도 결국은 사랑으로 해야 하는 것입니다.

우리의 신앙생활은 믿음에서 시작됩니다. 믿음이 있어야 기뻐하고 감사하며 기도할 수 있고 계명을 지키며 충성할 수 있기 때문입니다. 이런 이유로 가장 먼저 일곱 영이 측정하는 것도 믿음입니다. 그런데 믿음을 비롯하여 다른 모든 것이 있을지라도 사랑이 없으면 아무 소용이 없기 때문에 맨 마지막으로 사랑을 측정하는 것입니다.

예를 들어, 사명을 받아 열심히 충성하다가 도중에 마음에 안 맞는 일이 있다 해서 뜨거움이 식어 버린다면 사랑으로 행한 것이 아닙니다. 열심히 기도한다 하지만 형제를 사랑하지 못하고 미워하며 시기

질투한다면 이 기도 역시 사랑으로 한 것이 아닙니다. 우리가 영적인 사랑을 소유할 때라야 모든 것을 온전히 이루었다 할 수 있고 하나님을 기쁘시게 함으로 신속하게 응답받을 수 있습니다.

응답 여부를 결정하는 일곱 영

우리가 기도하여 응답을 받기 위해서는 일곱 영이 측정할 때 합격 판정을 받아야 합니다. 어떤 사람은 초신자인데도 기도하는 대로 척척 응답받습니다. 반면에 초신자보다 믿음이 있고 더 충성하며 기도하는데도 응답이 더딘 경우가 있습니다. 이는 하나님께서 각자 믿음의 분량에 따라 원하시는 수준이 다르기 때문입니다.

초신자가 첫사랑이 뜨겁고 성령이 충만하므로, 자기 믿음의 분량보다 더 열심히 기도하고 충성하며 기쁨으로 달려갈 때는 일곱 영의 측정 기준을 쉽게 충족시킬 수 있습니다. 이렇게 자신의 믿음의 단계에서 할 수 있는 것 이상으로 행하기 때문에 쉽게 응답을 받는 것입니다.

비유를 들어, 부모가 외출 중일 때 어린 자녀가 청소나 설거지를 깨끗하게 해 놓았다면, 비록 부족한 점이 있어도 기특하여 그 자녀가 원하는 것을 해 주려고 할 것입니다. 그러나 장성한 자녀라면 그 나이에 맞는 수준에서 일의 열매를 보게 됩니다. 자녀가 장성할수록 부모의 기대치도 높아지지요.

마찬가지로 믿음이 크고 직분과 사명이 클수록 하나님 앞에 당연히 더 많은 것을 드려야 합니다. 그러므로 일곱 영이 측정하는 모든 분야에서 자신의 믿음의 분량에 맞게 행해야 하며, 그럴 때 믿음의 분량이 큰 만큼 하나님의 역사도 더 크게 체험할 수 있습니다.

그런데 같은 믿음의 분량에서도 어떤 문제를 놓고 기도하느냐에 따라 측정 기준이 달라집니다. 큰 문제를 놓고 기도할 때는 그만큼 큰 믿음과 행함을 보여야 합니다. 그렇기 때문에 "저 사람은 저렇게 충성하는데도 응답을 받지 못한다"며 판단하는 일이 없어야 하겠습니다. 우리가 크든 작든 어떠한 것이든지 응답받기 위해서는 일곱 영이 측정하는 각 분야를 점검하여 부족한 것을 채워야 합니다. 날마다 더 뜨거운 마음으로 진리를 행하여 하나님께서 원하시는 기준에 온전히 이르시기 바랍니다.

COLUMN VIEW
칼럼 뷰

사람을 변화시키는 씨

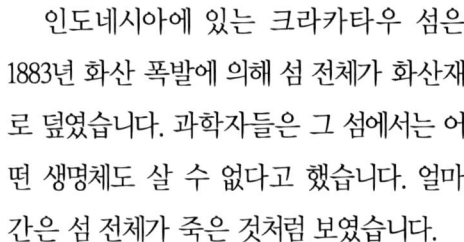

인도네시아에 있는 크라카타우 섬은 1883년 화산 폭발에 의해 섬 전체가 화산재로 덮였습니다. 과학자들은 그 섬에서는 어떤 생명체도 살 수 없다고 했습니다. 얼마간은 섬 전체가 죽은 것처럼 보였습니다.

그런데 3년이 지나자 섬이 살아나기 시작했습니다. 곳곳에서 풀이 돋기 시작하더니 15년이 흐른 후에는 숲을 이루었고, 40년 후에는 무성한 밀림을 이루어 각종 새와 짐승이 살게 되었습니다. 이는 새와 바람과 바닷물이 씨앗을 날라 와서 퍼뜨렸기 때문입니다.

이보다 신비한 비밀이 담긴 씨앗이 있는데 무엇일까요? 바로 사람의 마음을 변화시키는 '하나님의 씨' 입니다. 하나님의 형상을 따라 지어진 첫 사람 아담은 에덴동산에서 마음껏 풍요를 누리며 살았습니다. 그런데 세월이 흐르면서 하나님께서 금하신 선악과를 먹는 불순종의 죄를 범했습니다. 그 결과 이 땅으로 쫓겨났고 하나님과의 교통이 끊어지게 되었습니다.

그로부터 사람의 마음 밭에는 미움과 시기, 분쟁, 살인 등 불행으로 이끄는 악의 씨들이 자라게 되었습니다. 세월이 흐르면서 그 씨들은 더욱 자라나 범죄가 늘고 죄악이 관영하게 되었습니다. 이처럼 죄악으로 가득 찬 사람의 마음을 아름답게 변화시키는 방법이 있습니다.

예수님께서는 사람의 마음을 밭에, 하나님의 말씀을 씨에 비유하셨습니다. 사람의 마음 밭에 하나님 말씀이 떨어지면 부정적인 것들과 악은 서서히 사라지고 선과 사랑으로 다시 채워지는 신비로운 일이 일어납니다.

히브리서 4장 12절에 기록된 대로, 하나님의 말씀은 살았고 운동력이 있어 좌우에 날 선 어떤 검보다도 예리하여 혼과 영과 및 관절과 골수를 찔러 쪼개기까지 하며 사람의 마음과 생각을 변화시키는 놀라운 능력이 있기 때문입니다. 우리 안에 하나님 말씀이 심어져 자라면 하나님의 자녀가 되어 영생을 얻을 수 있으며 미움, 시기, 분노 등의 악을 버리고 거룩한 사람으로 변화될 수 있습니다.

Chapter 4

좋은 것 주기를
원하시는 하나님

내일 일을 염려하지 말라

그의 나라와 의를 구하라

모든 것을 더하시리라

그를 향하여 우리의 가진바
담대한 것이 이것이니
그의 뜻대로 무엇을 구하면 들으심이라
우리가 무엇이든지 구하는 바를 들으시는 줄을 안즉
우리가 그에게 구한 그것을 얻은 줄을
또한 아느니라

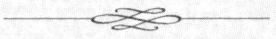

요한일서 5:14~15

My Father Will Give to You in My Name

공중의 새는 심지도 않고 거두지도 않으며 창고에 모아들이지도 않지만 하나님께서 기르시니 아무 염려 없이 살아갑니다. 또 들의 백합화는 수고도, 길쌈도 하지 않지만 하나님께서 자라게 하시니 철을 따라 아름답게 꽃을 피웁니다. 하물며 공중의 새나 들의 백합화와는 비교할 수 없이 귀한 사람을 어찌 하나님께서 먹이고 입히며 자라게 하지 않으시겠습니까.

하나님은 사랑하는 자녀에게 항상 좋은 것 주기를 원하시며 구하는 것마다 응답하기 원하십니다. 더구나 하나님은 사람의 능력과 한계를 뛰어넘어 무엇이나 하실 수 있는 전능자요, 창조주가 되십니다. 우리가 이러한 하나님을 만날 수만 있다면 모든 문제를 해결받으며 마음의 소원을 이룰 수 있습니다.

내일 일을 염려하지 말라

세상에서는 아무 걱정 없이 사는 사람이 흔치 않을 것입니다. 하지만 주 안에서는 어떠한 문제가 있다 해도 항상 기뻐하고 감사하며 행복한 삶을 영위할 수 있습니다. 바로 전지전능하신 하나님이 우리 아버지가 되시기 때문입니다. 하나님께서는 우리에게 무엇이 있어야 할지를 아시며 필요한 모든 것을 공급하실 수 있습니다.

그래서 마태복음 6장 25절 이하에 "목숨을 위하여 무엇을 먹을까 무엇을 마실까 몸을 위하여 무엇을 입을까 염려하지 말라 … 너희는 먼저 그의 나라와 그의 의를 구하라 그리하면 이 모든 것을 너희에게 더하시리라 그러므로 내일 일을 위하여 염려하지 말라 내일 일은 내일 염려할 것이요 한 날 괴로움은 그 날에 족하니라" 말씀하신 것입니다.

만일 우리가 하나님의 자녀가 아니라면 '무엇을 먹을까? 무엇을 마실까? 무엇을 입을까?' 염려할 수밖에 없습니다. 하지만 하나님께 구하면 무엇이든지 응답해 주신다는 것을 믿는 하나님의 자녀라면 결코 염려하지 않을 것입니다. 참 믿음을 지닌 사람은 이미 응답받은 줄로 믿기에 오히려 기뻐하고 감사하지요.

그러므로 요한일서 5장 14~15절에 "그를 향하여 우리의 가진바 담대한 것이 이것이니 그의 뜻대로 무엇을 구하면 들으심이라 우리가 무엇이든지 구하는 바를 들으시는 줄을 안즉 우리가 그에게 구한 그것을 얻은 줄을 또한 아느니라" 했습니다. 하나님의 뜻대로 구하는 사람은 무엇이든지 응답받을 수 있다는 말씀입니다. 그러면 하나님의 뜻대로 구한다는 것은 구체적으로 어떤 것일까요?

그의 나라와 의를 구하라

마태복음 6장 33절을 보면 "너희는 먼저 그의 나라와 그의 의를 구하라 그리하면 이 모든 것을 너희에게 더하시리라" 말씀합니다. 하나님은 우리에게 필요한 것이 무엇인지 이미 알고 계십니다. 우리가 필요한 것을 구하기에 앞서 그의 나라와 의를 먼저 구하면 원하는 대로 다 주실 것을 약속하셨습니다.

그의 나라, 즉 하나님 나라를 구한다는 것은 영혼을 구원하는 것을 말합니다. 우리는 모두 원수 마귀 사단에게 종노릇 하며 죄로 인해 멸망할 수밖에 없는 존재였습니다. 그런데 예수 그리스도를 믿고 성령 받아 하나님 자녀로 거듭남으로써 천국 백성이 되었습니다. 그러한 우리가 예수 그리스도를 전하는 만큼 죄로 인해 사망으로 가던 많은 사람이 구원받으며 하나님 나라가 확장됩니다.

따라서 그의 나라를 구하라는 것은 하나님을 믿지 않는 사람들을 하나님 자녀가 되도록 전도하며 민족복음화와 세계 선교를 위해 기도하라는 뜻입니다. 그러니 가까이 있는 형제, 부모, 일가친척을 전도할 뿐 아니라 직장이나 학교 등 어디에서나 열심히 복음을 전해야 합니다. 많은 영혼이 구원에 이르는 만큼 하나님 나라는 왕성해지므로 힘써 기도하며 때를 얻든지 못 얻든지 전도해야 하는 것입니다.

그러면 그의 의, 곧 하나님의 의를 구하는 것은 무엇일까요? 하나님의 의란 주님을 닮아가는 것을 말합니다. 베드로전서 1장 16절에 "내가 거룩하니 너희도 거룩할지어다" 하셨고, 마태복음 5장 48절에는 "하늘에 계신 너희 아버지의 온전하심과 같이 너희도 온전하라" 했습니다. 따라서 하나님 말씀을 듣고 깨우쳐 죄를 버리고 진리 가운데 살며 하나님의 거룩하심을 닮아 성결되는 것이 하나님의 의를 이루는 것입니다.

이렇게 하나님의 의를 구하는 사람은 영혼이 잘됨같이 범사가 잘되고 강건한 축복이 임합니다. 혹 어떤 사람은 "그동안 여러 가지 사명을 맡아 하나님 일을 했는데, 이제는 잠시 쉬면서 성결하기 위해 열심히 기도만 했으면 좋겠다"고 말합니다. 이런 사람은 하나님 나라를 구하지 않고 의만 구하겠다는 것인데 이것은 하나님이 원하시는 뜻이 아닙니다. 하나님께서는 그의 나라와 의를 병행하여 구하기 원하십니다. 하나님 나라를 위해 영혼 구원하는 일에 열심을 낼 때 위로부터 힘과 능력을 주셔서 하나님의 의를 이루게 도우십니다.

모든 것을 더하시리라

하나님께서는 '그의 나라와 그의 의를 구하면 모든 것을 더하시리라' 약속하셨습니다. 따라서 먼저 하나님 나라와 의를 구하면 하나님께서 의식주 문제 등 모든 것을 책임져 주시니 아무 염려할 필요가 없습니다. 만일 의식주 문제로 고민한다면 믿음이 작기 때문입니다. 전지전능하신 하나님을 믿지 못하고 의심하기 때문에 염려, 근심, 걱정하는 것입니다. 우리 인생의 문제를 책임져 주시고 응답하시는 하나님을 온전히 믿고 의지할 수 있어야 하지요. 그러면 우리가 응답의 하나님을 만나기 위해서는 구체적으로 어떻게 해야 할까요?

끝까지 믿음으로 구하는 행함을 내보여야 합니다

마가복음 10장에는 예수님 앞에 나아와 마음의 소원을 이룬 소경 거지 바디매오에 대한 기록이 있습니다. 그의 가장 큰 소원은 눈을 떠서 세상을 보는 것이었지만 어떤 사람도 그 소원을 들어 줄 수 없었습니다. 그러던 어느 날 그는 예수님이 놀라운 표적과 기사를 행하신다는 소문을 들었습니다. 예수님 앞에 나오기만 하면 앉은뱅이가 일어나며 각색 병든 자가 치료받고 귀신 들린 자도 온전케 된다는 것입니다. 절망 가운데 살던 바디매오는 자신도 예수님을 만나기만 하면 눈을 뜰 수 있다는 믿음과 소망이 생겼습니다.

드디어 때가 왔습니다. 주위에서 웅성거리는데, 예수님이 자기가 앉아 있는 길 가까이 오신다는 것입니다. 그는 힘을 다해 "다윗의 자손 예수여! 나를 불쌍히 여기소서!" 하고 소리 질렀습니다. 주변에서 잠잠하라 하는 말에도 움츠러들지 않고 더 큰 소리로 부르짖었습니다. 이처럼 믿음을 내보이는 바디매오에게 예수님께서 "가라 네 믿음이 너를 구원하였느니라" 하시니 그가 곧 보게 되어 예수님을 좇았습니다.

이렇게 믿음으로 구할 때 문제가 해결되며 응답받을 수 있습니다. 구하면 응답하시겠다는 약속의 말씀이 성경에 많이 있지만(마 7:7~8 ; 막 11:24) 그 말씀을 믿지 못하는 사람에게는 그림의 떡과 같습니다. 오직 하나님의 약속을 의심하지 않고 믿음으로 구할 때만이 응답받을 수 있는 것입니다.

하나님은 중심을 보십니다. 아무리 입술로 "믿습니다." 고백해도 의심하면서 구하는 기도는 응답하시지 않습니다. 야고보서 1장 7~8절을 보면 '두 마음을 품어 의심하는 자는 주께 얻기를 생각하지 말라' 말씀했습니다. 두 마음이란 이랬다저랬다 하는 간사한 마음입니다. 응답될 것을 믿었다 안 믿었다 하는 마음으로서, 참 믿음이라 할 수 없기에 구해도 응답받지 못하는 것입니다. 그러므로 끝까지 변하지 않고 의심하지 않는 참 믿음을 갖는 것이 중요합니다. 우리가 열심히 기도하며 하나님의 뜻을 좇아 행하면, 하나님께서 위로부터 이러한 영적인 믿음을 주시며 그 믿음대로 역사해 주십니다.

하나님을 기쁘시게 하는 선을 행해야 합니다

사도행전 10장을 보면 하나님께서 고넬료의 기도를 들으시고 응답과 축복을 주신 내용이 나옵니다. 고넬료는 당시 이스라엘을 지배하던 로마 군대인 이달리야대의 백부장이었습니다. 하나님께서는 고넬료에게 천사를 보내 베드로가 머문 곳을 알려 주며, 그를 초청하게 하셨습니다. 베드로에게도 환상과 성령의 음성으로써 고넬료의 초청을 허락하고 그 집에 가서 복음을 전하게 하셨습니다.

베드로가 고넬료의 집에 가보니, 그는 일가와 가까운 친구들까지 모아 놓고 사모함으로 기다리고 있었습니다. 베드로가 예수 그리스도와 십자가 구원의 복음을 전하자 성령이 그곳에 모인 모든 사람에게 임하여 고넬료뿐만 아니라, 그의 일가와 함께한 친구들까지도 구원받는 놀라운 일이 일어났습니다.

고넬료가 이렇게 축복받은 이유는 사도행전 10장 2절에 "그가 경건하여 온 집으로 더불어 하나님을 경외하며 백성을 많이 구제하고 하나님께 항상 기도하더니"라고 말씀한 대로 하나님을 기쁘시게 하는 행함을 보였기 때문입니다.

온 집으로 더불어 하나님을 경외했다는 것으로 보아 그가 가족에게 인정과 사랑을 받으며 신뢰받는 가장이었음을 알 수 있습니다. 그러기에 온 가족이 그에게 순종하여 하나 될 수 있었고, 그가 하나님을 사랑하니 가족도 본받아 하나님을 사랑하게 된 것입니다.

부모가 아무리 자녀에게 구원의 길을 알려 줘도 그 길을 따르지 않는다면 이는 자녀만의 잘못이 아닙니다. 부모가 먼저 하나님을 경외하는 본을 보였다면, 자녀도 이를 본받으며 자랐을 것입니다. 잠언 8장 13절에 말씀하신 대로 '하나님을 경외하는 것은 악을 미워하는 것'입니다. 부모가 먼저 악은 모양이라도 버리고 선과 진리, 사랑으로 자녀를 대한다면 자녀도 자연히 부모를 닮아갑니다.

그러므로 부모가 먼저 하나님을 경외함으로 악은 모양이라도 버려야 하며, 그럴 때 자연히 자녀도 변화돼 하나님을 경외합니다. 고넬료는 하나님을 경외하며 선과 사랑 가운데 행했기에 가족에게 인정받았고, 가족도 그를 따라 하나님을 경외한 것입니다.

또한 고넬료는 백성을 많이 구제했습니다. 하나님을 경외하여 마음의 악을 버리고 선이 가득한 사람은 말이나 행실에서 선이 나옵니다. 상대의 기분을 상하게 하거나 마음을 아프게 하는 말은 하지 않고, 편안함과 용기를 주는 말, 따뜻함을 주는 말, 생명으로 인도하는 진리의 말이 나옵니다. 또한 착한 행실, 덕과 사랑을 끼치는 행실이 나옵니다.

고넬료는 그러했습니다. 그가 백성을 많이 구제했다 했는데, 선함과 덕스러움이 '구제'라는 행실로 나타난 것입니다. 그런데 구제는 물질이 넉넉하다고 해서 할 수 있는 것이 아닙니다. 먼저는 영혼을 사랑하며 긍휼히 여기는 마음이 있어야 합니다.

사도행전 10장 22절에 "백부장 고넬료는 의인이요 하나님을 경외하는 자라 유대 온 족속이 칭찬하더니" 했습니다. 고넬료는 로마의 백부장이면서도 피지배국인 유대 백성을 많이 구제했기 때문에 유대 온 족속에게 칭찬을 받은 것입니다.

사랑 없는 구제는 진정한 구제라 할 수가 없습니다. 아무리 많은 물질로 구제해도 자기 이름을 드러내기 위한 구제라면 하나님께서 기뻐하시지 않습니다.

마태복음 6장 3~4절에 "너는 구제할 때에 오른손의 하는 것을 왼손이 모르게 하여 네 구제함이 은밀하게 하라 은밀한 중에 보시는 너의 아버지가 갚으시리라" 했습니다. 고넬료는 자신을 드러내기 위함이 아니라 영혼들을 사랑함으로 구제했고, 이러한 그의 진심이 유대 백성에게 전달되었던 것입니다. 또한 사도행전 10장 4절을 보면, 그의 구제와 기도가 하나님 앞에도 상달되어 기억하신 바가 되었다 했는데, 그래서 그는 놀라운 축복을 받을 수 있었습니다.

우리도 이처럼 범사에 선을 행하는 것이 중요합니다. 선한 마음을 가지고 있기만 하는 것이 아니라, 적극적으로 선을 행하는 것이 응답을 앞당기는 비결입니다.

어려운 처지에 있는 사람을 볼 때 마음으로만 안타까워하는 것과 작은 것이라도 나누며 힘이 되어 주는 것은 매우 다릅니다. 상대가 어떤 것을 잘했을 때 마음으로만 함께 기뻐하는 것과 칭찬과 축하의 말을 하는 것도 다릅니다. 작은 선물 하나, 따뜻한 격려의 말 한마디로 표현했을 때와 안했을 때 많은 차이가 납니다. 그러므로 마음에 있는 선과 사랑을 좀 더 적극적인 말과 행실로 나타내야 합니다. 하나님께서 이런 행함을 보고 기뻐하시며, 응답과 축복을 주실 수 있도록 부지런히 선을 쌓아야 하겠습니다.

믿음으로 정성껏 심어야 합니다

심은 대로 거두는 것이 자연의 법칙인데 이는 영적으로도 동일하게 적용됩니다. 심지 않고 거두려 한다면 하나님을 만홀히 여기는 것입니다. 응답받고자 한다면 믿음으로 하나님 앞에 심어야 합니다. 큰 것을 받으려면 더 많이 심고 더 큰 정성을 내보여야 하지요. 기도로, 믿음의 행함으로 심고 봉사와 감사로 심어야 합니다. 자신이 가진 지혜와 능력, 시간을 들여 심어야 하며 "네 보물 있는 그곳에는 네 마음도 있느니라"(마 6:21) 하셨으니 마음을 담아 물질로도 심어야 합니다.

이렇게 심을 때 거두게 되는데, 기도와 찬송을 심으면 하늘로부터 능력이 임하여 하나님 말씀대로 살 수 있고 영혼이 잘됩니다. 열심히 충성 봉사하면 질병이 떠나고 영육 간에 강건함을 입습니다. 또한 십일조와 감사 예물 등 물질로 열심히 드리면 물질의 축복이 임하여 마음껏 하나님 나라를 위하여 사용할 수 있게 하십니다. 행한 대로 갚아 주시는 하나님께서 선한 일을 행한 사람은 생명의 부활로, 악한 일을 행한 사람은 심판의 부활로 나온다 말씀하셨으니(요 5:29) 성령을 좇아 선의 행함으로 심어야 합니다.

사도행전 9장에는 욥바에 사는 다비다라는 여제자에 대한 기록이 나옵니다. 다비다는 믿음이 있을 뿐 아니라 선행과 구제하는 일이 많았습니다. 주님의 가르침대로 어렵고 불쌍한 사람들에게 따뜻한 도움의 손길을 베풀었습니다. 이렇게 선행과 구제로 심은 다비다는 그 열매로써 자신의 생명을 얻었습니다. 다비다가 병들어 죽자 평소 그녀의 도움을 받았던 사람들이 나서서 다시 살려 줄 것을 간절히 구하였고, 다비다의 행함을 기뻐하신 하나님께서 베드로의 기도를 통해 다시 살려 주셨던 것입니다.

하나님은 신실하시며, 모든 것을 공의와 사랑 가운데 이루십니다. 이런 하나님을 진실로 사랑하고 경외한다면 하나님과 나 사이를 가로막는 요소들을 온전히 벗어내야 합니다. 악을 미워하고 온전히 버리며, 선으로 채우기를 힘써야 하지요. 또 믿음으로 구하고 정성으로 심어야 합니다.

이렇게 행함으로 하나님 사랑하는 증거를 나타낸 사람에게 하나님께서는 반드시 응답하십니다. 건강, 물질, 명예 등 구하는 것마다 넘치도록 주시고 마음의 소원을 이루어 주십니다. 그러므로 신실하신 하나님을 사랑하고 경외하여 항상 풍성한 축복과 응답을 받으시기 바랍니다.

COLUMN VIEW
칼럼 뷰

의를 행함으로

이스라엘이 남과 북으로 분열된 후, 남유다는 여호사밧 왕 때 아람으로부터 침입을 받았습니다. 주변국과 연합한 아람 군은 그 수가 많아 남유다로서는 도저히 이길 수가 없었습니다.

여호사밧 왕은 온 유다 백성에게 금식을 공포하고 하나님께 간절히 기도하였습니다. 그리고 군대 앞에 거룩한 옷을 입은 노래하는 자를 세워 하나님을 찬양하며 행진하게 하였습니다. 이에 하나님께서 복병을 두어 적들을 쳐서 멸하심으로 완전한 승리를 거두었습니다. 전쟁이 끝난 후 전리품을 거두어들이는 데 사흘이나 걸릴 만큼 막대한 이익도 얻었습니다.

그런데 남유다가 침입을 받았던 이유는 무엇일까요? 하나님께서는 성경 곳곳에, 하나님을 사랑하고 하나님 말씀에 순종하는 자를 안전하게 지키실 것을 약속하셨습니다(시 121:7 ; 요일 5:18). 그러니 전쟁이 발발했다는 것은 하나님 보시기에 무언가 옳지 않은 일을 행했다는 의미가 됩니다. 이는 바로 여호사밧 왕이 하나님께서 미워하시는 북이스라엘의 악한 왕 아합과 연합하려 한 일입니다. 하지만 결국 여호사밧 왕이 하나님의 도우심으로 승리할 수 있었던 것은, 그가 하나님 앞에 쌓은 선이 있었기 때문입니다.

여호사밧은 즉위한 후 마음을 다하여 하나님을 찾으며 유다 지경 안에 있는 모든 백성으로 하여금 우상을 버리고 하나님께로 돌아오게 하였습니다. 또한 재판관에게 하나님을 경외하여 충의와 성심으로 일하며 하나님 보시기에 의로운 판결을 내리도록 명하였으며, 국가 기강을 하나님 말씀에 의거하여 바로잡아 나갔습니다. 이처럼 하나님 보시기에 의를 행하였기에 어려울 때 하나님의 도움을 받을 수 있었던 것입니다.

우리도 하나님을 경외하며 하나님께서 기뻐하시는 일을 행해 나가면 범사에 지킴을 받고 축복을 받을 수 있습니다. 질병이나 사고, 시험 환난이 틈타지 못할 뿐만 아니라 혹 문제가 발생하더라도 하나님께서 합력하여 선을 이루어 주시며 더 큰 축복으로 갚아 주십니다.

Chapter 5

불의 응답을 받은 엘리야

오직 순종하는 믿음을 가진 엘리야

간절한 기도로 불의 응답을 받은 엘리야

큰 비의 소리가 있나이다

엘리야가 아합에게 이르되
올라가서 먹고 마시소서 큰 비의 소리가 있나이다
아합이 먹고 마시러 올라가니라
엘리야가 갈멜산 꼭대기로 올라가서 땅에 꿇어 엎드려
그 얼굴을 무릎 사이에 넣고 그 사환에게 이르되
올라가 바다 편을 바라보라 저가 올라가 바라보고 고하되
아무것도 없나이다 가로되 일곱 번까지 다시 가라 …
조금 후에 구름과 바람이 일어나서
하늘이 캄캄하여지며 큰 비가 내리는지라

열왕기상 18:41~45

My Father Will Give to You in My Name

엘리야는 아합 왕이 북이스라엘을 통치하던 시기에 활동한 선지자입니다. 그는 우상을 섬기던 이스라엘 백성을 불의 응답을 받아 회개시킨 능력의 종입니다. 또한 이스라엘에 하나님의 진노가 임하여 3년 반 동안 극심한 가뭄이 들었을 때 하나님께 기도하여 큰 비의 응답을 받기도 했습니다.

그런가 하면 앞일에 대해 밝히 예언하고 요단 강을 가르는 등 영적으로 암울한 시대의 이스라엘에 큰 권능으로 살아 계신 하나님을 증거한 사람입니다. 과연 어떤 믿음을 가졌기에 엘리야는 이처럼 놀라운 응답을 받아 하나님께 영광 돌릴 수 있었을까요?

오직 순종하는 믿음을 가진 엘리야

하나님의 선민 이스라엘이 섬겨야 할 신은 오직 하나님 한 분뿐입니다. 그러나 이스라엘은 하나님 대신 우상을 숭배하며 많은 악을 행했고, 아합 왕 때에는 우상 숭배가 극에 달하였습니다. 이방 여인인

왕비 이세벨이 가져온 바알신을 섬기는 우상 숭배가 만연했던 것입니다. 이에 대한 하나님의 심판으로 수년 동안 비가 내리지 않으리라는 말씀을 아합 왕에게 전달하는 것이 엘리야의 첫 사명이었습니다. 그런데 아합 왕은 회개하고 돌이키기보다는 가뭄의 재앙을 선포한 엘리야를 죽이려고 했습니다.

이런 아합을 피하여 숨었던 엘리야가 왕 앞에 선다면 자기 발로 호랑이 굴 속에 들어가는 격이 되고 맙니다. 그러나 엘리야는 하나님 말씀에 순종하는 믿음을 가졌기에 하나님께서 아합 왕에게 가라 명하셨을 때에 담대히 나아갈 수 있었습니다. 이처럼 무조건 순종하는 믿음을 기쁘게 여기신 하나님께서는 그를 지극히 사랑하며 그의 말을 보장해 주셨습니다.

엘리야는 이같은 믿음을 지녔기에 죽은 사람을 살리고 불의 응답을 받으며, 산 채로 들림 받기까지 했습니다. 열왕기하 2장 11절에는 "두 사람이 행하며 말하더니 홀연히 불수레와 불말들이 두 사람을 격하고 엘리야가 회리바람을 타고 승천하더라" 하여 그가 죽음을 보지 않고 하늘로 들려 올라간 것을 말씀합니다.

성경에는 분명히 "한 번 죽는 것은 사람에게 정하신 것"(히 9:27)이라 했는데 사람으로서 죽음을 보지 않았으니 그가 얼마나 하나님의 사랑과 보장을 받았는지 알 수 있습니다. 엘리야는 죄가 전혀 없었기 때문에 "죄의 삯은 사망"(롬 6:23)이라는 율법의 저주에서 벗어

날 수 있었던 것입니다.

뿐만 아니라 엘리야는 표적이 따르는 믿음을 가졌습니다. 전지전능한 하나님께서는 우주 만물을 감찰하며 함께하시는 곳에 반드시 살아 계신 역사를 나타내십니다. "주께서 함께 역사하사 그 따르는 표적으로 말씀을 확실히 증거하시니라"(막 16:20) 하신 대로 하나님께 사랑과 인정을 받으면 표적과 기도의 응답이 따릅니다. 엘리야는 표적이 따르는 믿음을 소유했기에 불의 응답을 받아 살아 계신 하나님을 증거하였고 큰 비가 내릴 것을 예언하니 그대로 이루어진 것입니다.

간절한 기도로 불의 응답을 받은 엘리야

오직 순종하는 믿음을 가진 엘리야는 하나님 말씀대로 아합 왕 앞에 나아가 "이스라엘 하나님 여호와의 사심을 가리켜 맹세하노니 내 말이 없으면 수년 동안 우로가 있지 아니하리라"(왕상 17:1)고 담대하게 가뭄을 예언하였습니다. 이로 인해 엘리야가 아합 왕에게 위협받을 줄 아신 하나님은 그를 그릿 시냇가에 숨게 하시고 까마귀를 통해 떡과 고기를 공급하십니다.

그러나 가뭄이 심하여 얼마 있지 않아 그릿 시내까지 마르자, 하나님은 엘리야를 사르밧으로 보내셨습니다. 그곳에 한 과부를 예비하고 그녀에게 공궤받도록 하셨습니다. 가뭄으로 물은커녕 양식조차 구하기 어려운 때에 엘리야가 과부에게 하나님 말씀을 전하며 양식을 달라고 하자, 그녀는 주저하지 않고 순종합니다. 비록 마지막 남은 귀한 양식이었지만 순종하는 행함을 보신 하나님께서는 가뭄이 끝나는 날까지 그 집에 양식이 떨어지지 않게 축복하셨습니다(왕상 17:14).

그뿐 아니라 하나님께서는 엘리야를 통해 사르밧 과부의 아들을 살리는 놀라운 일을 베푸십니다. 어느 날, 과부의 아들이 병들어 숨이 끊어지자 엘리야는 아이의 침상 앞에서 "나의 하나님 여호와여 원컨대 이 아이의 혼으로 그 몸에 돌아오게 하옵소서" 하고 간절히 부르짖어 기도하였습니다. 간구를 들으신 하나님은 아이를 살려 주셨습니다. 요한복음 4장 48절에 "표적과 기사를 보지 못하면 도무지 믿지 아니하리라" 하신 것처럼, 마음이 강퍅한 현세대에 살아 계신 하나님을 증거하기 위해서는 엘리야와 같은 '믿음과 순종, 간절한 부르짖음의 기도'가 있어야 합니다.

엘리야가 가뭄을 예언한 지 수년이 지나자, 하나님께서는 그에게 "너는 가서 아합에게 보이라 내가 비를 지면에 내리리라"(왕상 18:1) 말씀하셨습니다. 엘리야가 그 말씀에 순종하여 왕 앞에 나타난 것은 가뭄이 3년 6개월 동안이나 계속되고 있을 때였습니다. 누가복음 4장 25절에 "엘리야 시대에 하늘이 세 해 여섯 달을 닫히어 온 땅에 큰 흉년이 들었을 때에"라고 기록된 것이 이 사건을 말합니다.

당시 엘리야 때문에 비가 오지 않는다고 생각한 아합 왕은 그를 잡아들이라는 명령을 내려 이웃나라까지 샅샅이 뒤졌으나 잡지 못하고 있었습니다. 이처럼 생명을 잃을 수 있는 위험천만한 상황이었는데도 엘리야는 하나님 말씀에 무조건 순종하여 왕에게 나아갔습니다.

엘리야가 나타나자 아합 왕은 "이스라엘을 괴롭게 하는 자여 네냐"고 물었습니다. 이에 엘리야는 조금도 두려워하지 않고 "내가 이스라엘을 괴롭게 한 것이 아니라 당신과 당신의 아비의 집이 괴롭게 하였으니 이는 여호와의 명령을 버렸고 당신이 바알들을 좇았음이라" 하며 하나님의 뜻을 분명하게 전했습니다.

그리고는 왕이 섬기는 바알의 선지자 450인과 아세라 선지자 400인을 갈멜 산으로 모아 자신에게 나아오게 하라고 말했습니다. 엘리야는 3년 반 동안의 가뭄이 왕과 백성의 우상 숭배로 인한 재앙임을 알았기에 우상을 멸하고 살아 계신 하나님을 증거하고자 그들에게 도전장을 낸 것입니다. 하나님을 향한 뜨거운 사랑이 있으니 우상 숭배에 빠진 백성을 구하고자 하는 간절한 마음으로 담대히 행할 수 있었습니다.

많은 이방 선지자들 앞에 혈혈단신으로 선 엘리야는 '제물 위에 불로 응답하는 신 그가 하나님이니라' 선포했습니다. 살아 계신 하나님만이 불로 응답하실 줄 믿는 믿음이 있었기 때문입니다. 엘리야는 먼저 바알의 선지자들에게 "너희는 많으니 먼저 한 송아지를 택하여 잡고 너희 신의 이름을 부르라 그러나 불을 놓지 말라"고 합니다. 이에 바알의 선지자들이 송아지를 잡고 아침부터 낮까지 바알의 이름을 부르며 응답하기를 구했으나 아무 소식이 없었습니다.

그러자 엘리야는 "큰 소리로 부르라 저는 신인즉 묵상하고 있는지 혹 잠깐 나갔는지 혹 길을 행하는지 혹 잠이 들어서 깨워야 할 것인지"라고 조롱했습니다. 그의 조롱에 거짓 선지자들은 더욱 큰 소리로 부르고 피가 흐르기까지 칼과 창으로 자신의 몸을 상하게 합니다. 그러나 저녁 때까지 아무 소리도, 어떤 변화도 없었습니다.

마침내 엘리야가 백성을 가까이 모으고 하나님 앞에 단을 쌓은 뒤 벌여 놓은 나무와 번제물 위에 물을 붓게 하고 하나님께 기도하기 시작합니다.

"여호와여 내게 응답하옵소서 내게 응답하옵소서 이 백성으로 주 여호와는 하나님이신 것과 주는 저희의 마음으로 돌이키게 하시는 것을 알게 하옵소서"(왕상 18:37)

엘리야의 기도에는 자신의 영광과 능력을 나타내고자 함이 아니라 오로지 여호와만이 살아 계신 하나님임을 증거하려는 일념이 나타나 있습니다. 이에 여호와의 불이 내려 번제물과 나무와 돌과 흙을 태웠고 도랑의 물을 핥았습니다. 모든 백성이 그 광경을 목도하고 엎드려 "여호와 그는 하나님이시로다" 고백하며 회개하였습니다.

엘리야가 조금도 의심하지 않는 믿음으로 구하고(약 1:6), 구한 것은 받은 줄로 믿었기에(막 11:24) 그런 역사가 나타난 것입니다. 만약 불의 응답이 오지 않았다면 엘리야는 아합 왕과 거짓 선지자들이 보는 앞에서 죽을 수밖에 없었습니다. 하지만 그는 하나님을 백 퍼센트 믿고 신뢰했기에 자신을 잡으려는 사람들 앞에서 담대히 하나님을 증거할 수 있었습니다. 이런 엘리야의 믿음에 하나님은 불로 응답하셔서 오직 하나님만이 참 신임을 알게 하셨습니다.

그런데 엘리야가 번제물 위에 물을 붓게 하고 기도한 이유는 무엇일까요? 3년 반 동안이나 계속된 가뭄이라면 무엇보다 귀한 것이 물인데 그 물을 통 넷에 세 번씩 제단에 부었습니다(왕상 18:33~34). 엘리야가 이렇게 믿음을 내보이며 하나님께 가장 귀한 것을 드린 것은 심은 대로 거두게 하시는 하나님을 믿었기 때문입니다(고후 9:6~7). 하나님께서는 그 믿음대로 불의 응답으로 살아 계신 증거를 나타내 주셨습니다.

큰 비의 소리가 있나이다

불의 응답으로 살아 계신 하나님을 선포했던 엘리야는 하나님의 명령대로 아합 왕에게 "큰 비의 소리가 있나이다"라고 전했습니다. 그리고 갈멜 산 꼭대기로 올라갔는데 이는 비를 내리리라 하신 하나님 말씀을 이루기 위함이며 응답받기 위한 행함이었습니다.

엘리야는 땅에 무릎을 꿇고 엎드려 얼굴을 무릎 사이에 넣고 기도하였습니다. 얼굴을 무릎 사이에 넣고 기도했다는 것은 너무나 간절하게 부르짖어 기도하니 배가 뒤틀리고 창자가 꼬이면서 얼굴이 무를 사이로 들어갔다는 뜻입니다. 얼마나 간절히 부르짖으며 중심 다해 기도했는지 알 수 있습니다.

엘리야는 응답을 받을 때까지 쉬지 않고 기도하였습니다. 열왕기상 18장 42~44절에는 그가 사환에게 바다 편을 바라보게 하고 바다에서 사람의 손만 한 작은 구름이 일어날 때까지 일곱 차례나 기도하였음을 말씀합니다. 이렇듯 간절한 기도는 하늘 보좌를 움직이며 하나님을 감동시키기에 충분했습니다. 3년 반 동안이나 닫힌 하늘을 열어 비를 오게 하는 기도이니 얼마나 힘과 뜻과 정성을 다한 기도였겠습니까.

엘리야는 불의 응답을 받을 때와 마찬가지로 비의 응답을 받을 때에도 입으로 미리 시인하는 것을 볼 수 있습니다. 손만 한 작은 구름이 일어났을 뿐인데도 왕에게 비에 막히지 않도록 마차를 갖추고 내려가라며 큰 비가 올 것을 믿음으로 고백하였습니다(왕상 18:44). 하나님께서 그 믿음대로 역사하셔서 조금 후에 구름과 바람이 일어나 하늘이 캄캄해지더니 큰 비가 내렸습니다. 이와 같이 엘리야를 통하여 불의 응답을 주시고 하늘문을 열어 단비를 주신 하나님은 우리 마음의 소원에도 응답하며 놀라운 복으로 채워 주십니다.

우리가 엘리야와 같이 구하는 것마다 응답을 받고 마음의 소원을 이루기 위해서는 무엇보다 먼저 하나님을 기쁘시게 하는 믿음을 내보여야 합니다. 이러한 믿음은 하나님과의 사이에 막힌 죄의 담을 헐 때 하나님께서 위로부터 주십니다. 그런 믿음을 가지고 의심 없이 구해야 합니다. 다음으로는 기쁨으로 하나님께 단을 쌓고 예물을 드리며 중심 다해 간절히 기도해야 합니다. 또한 응답받을 때까지 기도하되 입술로 시인하는 사람이 되어야 하지요.

하나님께서는 능치 못함이 없으시니 어떤 문제라도 의심하지 않고 믿음으로 구하면 해결해 주십니다. 부와 명예, 건강, 장수, 자녀 등 인생의 모든 것을 전능하신 하나님께 맡기고 구하면 응답해 주십니다. 그러므로 엘리야처럼 온전한 믿음을 소유하여 매일 매 순간 하나님을 기쁘시게 하며, 구하는 것마다 응답받아 마음껏 영광 돌리시기 바랍니다.

COLUMN VIEW
칼럼 뷰

기드온과 300 용사

이스라엘 민족이 이집트에서 400여 년 동안 노예생활을 하다가 하나님의 도우심으로 해방되어 가나안 땅에 정착하였을 때의 일입니다. 가나안은 젖과 꿀이 흐르는 곳이라 할 만큼 기름진 땅이므로 가는 곳마다 풍년이 들었습니다.

그러나 그들은 이곳에 들어온 뒤 기쁨보다는 근심과 고통을 겪어야 했습니다. 해마다 곡식을 파종할 무렵이면 힘이 센 미디안 사람들과 아말렉 사람들이 몰려와서 탈취하고 논밭을 짓밟아 놓았기 때문입니다.

그들은 믿음을 저버리고 우상을 섬긴 죄 때문에 그러한 고통이 왔음을 알고 하나님 앞에 회개하며 간절히 기도했습니다. 이에 하나님께서는 이스라엘을 구원할 사람을 세우셨는데, 그가 바로 기드온입니다.

기드온이 곡식을 타작하고 있을 때 천사가 찾아와 "여호와 하나님이 너와 함께

하실 것이니 가서 미디안의 손에서 이스라엘을 구원하라"고 말합니다. 기드온은 하나님께 예배드린 후 하나님 명에 따라 우상인 바알의 단을 훼파하고 아세라 상을 찍어 없앴습니다.

그 후 미디안 사람들과 아멜렉 사람들이 이스라엘을 침입하였을 때 기드온은 하나님을 의지하며 이스라엘의 젊은이들을 모았는데, 그 수가 3만 2천 명이 되었습니다. 그런데 하나님께서는 너무 많으니 돌려보내라 하셨고, 그 말씀에 순종하여 보내고 나니 남은 사람이 1만 명이 되었습니다. 여기서 다시 테스트를 거쳐 남은 사람이 300명이었습니다.

기드온은 불과 300명의 용사와 함께 메뚜기같이 많은 적을 상대해야 할 상황입니다. 하나님께서 주신 꿈을 통하여 승리할 것을 확신한 기드온은, 300명의 용사에게 나팔과 빈 항아리를 들게 하고 그 안에는 횃불을 감추어 보이지 않게 하라고 지시했습니다. 그리고 적의 장막을 포위한 후 일제히 나팔을 불며 항아리를 깨뜨려 횃불을 꺼내 들고 "여호와를 위하라. 기드온을 위하라."라고 외치게 했습니다.

잠을 자던 적들은 많은 군대가 쳐들어온 것으로 알고 놀라 자기들끼리 칼로 치며 도망했고 기드온이 사는 날 동안 다시 습격해 오지 못했습니다. 사람의 생각으로는 도무지 순종하기 어려운 명령이었지만 믿음으로 순종하니 하나님께서 친히 싸워 이기게 하신 것입니다.

Chapter 6

마음의 소원을 이루려면

마음 됨됨이를 살펴보아야
구원의 확신과 신앙상태를 점검해야
하나님을 기쁘시게 하는 행함을 나타내야

여호와를 기뻐하라
저가 네 마음의 소원을 이루어 주시리로다

시편 37:4

My Father Will Give to You in My Name

우리가 하나님을 알지도 못하고 사랑하지도 않았을 때 하나님께서는 우리를 위해 독생자를 십자가에 내어 주기까지 사랑해 주셨습니다. 이렇게 우리를 사랑하신 하나님께서 어찌 사랑하는 자녀의 간구에 응답하시지 않겠습니까. 로마서 8장 32절을 보면 "자기 아들을 아끼지 아니하시고 우리 모든 사람을 위하여 내어 주신 이가 어찌 그 아들과 함께 모든 것을 우리에게 은사로 주지 아니하시겠느뇨" 말씀하셨습니다. 이러한 사실을 정녕 믿는다면 우리 삶 가운데 풍성한 축복을 누리며 마음의 소원까지도 응답받을 수 있어야 합니다. 그러면 마음의 소원을 이루기 위해서는 어떻게 해야 할까요?

마음 됨됨이를 살펴보아야

사람들은 하나님 앞에 나아와 이런저런 문제를 해결받고 응답받기를 원합니다. 질병에 시달리다 의학의 한계에 부딪혀 하나님을 찾는 사람이 있는가 하면, 모든 것이 넉넉하지만 자녀가 없어 하나님을 찾는 사람도 있습니다. 일터, 사업터에 문제가 있어 하나님을 찾기도 하고 어떤 사람은 선한 양심을 좇아 찾기도 합니다. 그중에는 소원을 응답받아 감사와 기쁨이 넘치는 사람이 있는가 하면, 시간이 지나도 응답받지 못해 안타까워하는 사람도 있습니다. 어떤 사람은 응답받기를 포기하거나 아예 하나님을 떠나기도 합니다.

우리가 마음의 소원을 응답받기 위해서는 전지전능하신 하나님을 참으로 믿고 있는지, 아니면 반신반의하거나 요행을 바라는 마음으로 하나님께 나왔는지 자신의 마음 됨됨이를 살펴보아야 합니다.

많은 사람이 예수 그리스도를 알기 전에는 막연히 무신론을 신봉하거나 우상을 섬기기도 하고 물질, 권세 또는 자신을 믿고 세상을 살아갑니다. 큰 시험 환난이 찾아오면 어떻게든 자신의 능력으로 해결해 보려고 안간힘을 씁니다. 그러다가 한계에 이르면 우상에게 의지하기도 하고 그래도 안 되면 낙심하여 자포자기하기도 합니다.

그런 상황에서 하나님이 해결해 주실 수 있다는 말을 듣고 교회에 나오는 사람이 종종 있습니다. 이는 믿음이 있어서 나온 경우가 아니므로 능력의 하나님을 바라보기보다는 혹시 기도하면 해결될지도 모른다는 막연한 기대의 마음이 더 강하기 마련입니다.

인류 역사와 사람의 생사화복을 주관하시는 하나님께서는 모든 것을 하실 수 있습니다. 그러나 하나님께서는 중심을 보시기 때문에 우리에게 의심하는 마음이 있으면 응답하시지 않음을 알아야 합니다

(약 1:6~8). 마음의 소원을 이루기 원한다면 의심하는 마음과 요행을 바라는 마음을 버리고 모든 것을 받은 줄로 믿고 구해야 합니다(막 11:24). 그럴 때 능력의 하나님께서 사랑을 베푸시고 마음의 소원을 이루어 주십니다.

구원의 확신과 신앙상태를 점검해야

오늘날 교회에는 다니지만 영적인 성장을 하지 못하는 사람이 많습니다. 영적인 갈급함과 곤고함 때문에 방황하는 이도 있고 영적인 교만으로 하나님과 막힌 죄의 담이 있는데 깨닫지 못하는 사람도 있습니다. 수십 년간 신앙생활을 하며 충성 봉사했으나 정작 구원의 확신이 없는 사람도 있습니다. 이런 경우 어떻게 하나님을 기쁘시게 하며 마음의 소원을 응답받을 수 있겠습니까?

로마서 10장 10절에 "사람이 마음으로 믿어 의에 이르고 입으로 시인하여 구원에 이르느니라" 했습니다. 마음에 믿는 사람에게는 행함의 증거가 따릅니다. 예수님이 우리 죄를 대속하기 위해 죽으셨음을 믿기에 어찌하든 말씀대로 행하기 위해 노력합니다. 생명 주신 하나님과 주님을 사랑하므로 하나님의 마음을 아프게 하지 않기 원하며 자연히 죄를 버려나갑니다. 또 말씀에 순종하여 이웃과 형제를 내 몸같이 사랑합니다. 미워하며 시기하거나 자기 유익을 구하는 것이 아니라 섬기고 희생하는 등 말씀대로 행하여 믿음의 증거를 내보입니다.

따라서 마음에 믿는다는 것은 거룩한 행함이 나올 수 있는 마음을 이루는 것, 곧 마음의 할례를 이뤄 가는 것을 의미합니다. 이렇게 마음에 믿고 말씀대로 행하면서 입으로 주의 이름을 시인할 때 구원에 이르는 것이지요.

그런데 오랫동안 교회에 다니면서도 자신이 구원을 받았는지 확신이 없다면 신앙에 문제가 있는 것입니다. 하나님께서 아버지가 되시고 우리는 그분의 자녀라는 확신이 없다면 하나님 뜻대로 살아갈 수 없습니다. 입으로는 믿는다 해도 하나님의 뜻대로 행치 않는 사람에 대해 마태복음 7장 21절에는 "나더러 주여 주여 하는 자마다 천국에 다 들어갈 것이 아니요 다만 하늘에 계신 내 아버지의 뜻대로 행하는 자라야 들어가리라" 말씀하십니다.

구원의 확신이 없고 하나님과 자녀의 관계가 성립되지 않았다면 응답받을 수 없는 것이 당연합니다. 설령 하나님과 자녀의 관계가 성립되었다 해도 하나님 보시기에 잘못된 것이 있으면 응답받을 수 없습니다(시 66:18). 따라서 마음의 소원을 이루기 위해서는 먼저 하나님과 나 사이에 막힌 죄의 담이 무엇인지를 발견하여 회개하는 것이 무엇보다 중요합니다.

하나님의 뜻대로 살지 못한 것을 회개하고 변화되면 하나님께서는 직장, 건강, 물질, 대인관계 등 모든 문제를 해결해 주십니다. 만일 자녀의 문제로 하나님을 찾았다면 하나님은 무엇이 원인인지 깨닫도록 진리의 말씀으로 알려 주시지요. 그 문제는 자녀 탓일 수도 있지만 부모로 인한 경우도 많기 때문에 진리에 비추어 자신에게 잘못된 점이 있으면 회개하는 것이 우선입니다. 그리고 자녀를 하나님께 맡기며 진리 안에서 양육한다면 하나님께서 합력하여 선을 이루어 주십니다.

이렇게 늘 자신의 신앙상태를 점검하여 하나님과의 사이에 막힌 죄의 담을 헐고 구원의 확신 가운데 하나님 뜻대로 행할 때 마음의 소원을 이룰 수 있습니다.

하나님을 기쁘시게 하는 행함을 나타내야

누구든지 예수 그리스도를 영접하면 성령을 선물로 받아 진리를 깨우치게 됩니다. 그런 만큼 하나님의 마음을 알고 하나님을 기쁘시게 하는 삶을 살아갈 수 있습니다. 어린아이 때와는 달리 장성하면 부모의 마음을 알고 부모를 기쁘게 하는 방법을 터득하게 되는 것과 같은 이치입니다. 하나님의 자녀도 진리를 알고 깨우치는 만큼 하나님을 기쁘시게 할 수 있습니다.

시편 37편 4절을 보면 "여호와를 기뻐하라 저가 네 마음의 소원을 이루어 주시리로다" 말씀합니다. 우리가 하나님을 기뻐할 때 하나님께서 우리 소원을 이루어 주시는 것은 하나님을 기뻐하는 것이 그분의 뜻이기 때문입니다. 여기서 여호와를 기뻐하라는 것은 성령의 충만함 가운데 하나님이 주시는 참된 기쁨, 곧 영적인 기쁨을 누리라는 말씀입니다.

어떻게 하면 영적인 기쁨을 누림으로 마음의 소원을 응답받을 수 있을까요? 바로 하나님을 사랑하며 기쁘시게 하는 것입니다. 우리가 하나님을 사랑할 때 하나님도 우리를 사랑하시며(잠 8:17) 하나님을 기쁘시게 할 때 하나님께서 우리에게 기쁨을 돌려 주십니다.

하나님께서는 하나님을 경외하는 자를 기뻐하며 의와 공평, 모든 선행과 중심에서 드린 예물 그리고 의로운 제사와 온전한 번제를 기뻐하십니다(시 51:19, 147:11 ; 잠 21:3). 그 밖에 열심히 복음을 전하며 하나님을 높여 찬양하는 것을 기뻐하십니다.

그리고 무엇보다 하나님이 기뻐하시는 것은 믿음입니다. 히브리서 11장 6절에 "믿음이 없이는 기쁘시게 못하나니 하나님께 나아가는 자는 반드시 그가 계신 것과 또한 그가 자기를 찾는 자들에게 상 주시는 이심을 믿어야 할지니라" 한 대로 찬양과 기도, 예배와 예물과 선행 등 모든 행함이 믿음 가운데서 나와야 하나님의 기쁨이 되는 것입니다. 이렇게 하나님을 기쁘시게 하는 믿음만 있으면 마음의 소원까지도 응답받으며 불가능한 일이 없습니다.

믿음의 선진들을 살펴보면 한결같이 하나님을 기쁘시게 하여 마음의 소원을 응답받아 하나님께 영광 돌렸습니다. 믿음의 조상 아브라함은 모든 사람과 더불어 화평함과 거룩함을 좇았고, 몸과 마음과 뜻과 정성을 다해 하나님을 섬겼으며, 믿음 또한 온전하였습니다. 하나님께서 독자 이삭을 번제로 바치라 명하셔도 오직 믿음으로 순종했습니다(창 22:1~12). 하나님은 그러한 순종을 기뻐하시고 영혼의 축복뿐 아니라 부와 명예, 권세, 건강, 장수, 자녀의 축복 등 모든 일에 복을 주셨습니다.

열왕기하 4장 8~17절에 나오는 수넴 여인은 하나님의 종 엘리사를 극진히 섬기고 대접하여 잉태의 축복을 받아 아들을 낳았습니다. 여인은 무엇을 얻고자 엘리사를 섬긴 것이 아니라 중심으로 하나님의 종을 믿고 사랑하기에 섬긴 것입니다. 이런 여인에게 하나님의 축복이 임하는 것은 당연한 일입니다.

다니엘과 그의 세 친구는 하나님을 전폭적으로 의지하는 믿음으로 하나님을 기쁘시게 하였습니다. 다니엘은 하나님께 기도하면 사자 굴에 던져질 줄 알면서도 기도를 쉬지 않았습니다. 결국 사자 굴에 던져졌지만 하나님이 천사를 보내 사자의 입을 봉하시니 몸이 조금도 상하지 않았습니다. 그의 세 친구들 역시 우상 앞에 절하지 않음으로 풀무 불에 던져졌으나 머리털 하나 그슬리지 않고 살아나 하나님께 영광 돌렸습니다.

마태복음 8장에 나오는 백부장은 예수님을 찾아와 하인의 중풍병을 고쳐 주실 것을 간청합니다. 이에 예수님께서 "내가 가서 고쳐주리라" 말씀하시니 그는 "주여 내 집에 들어오심을 나는 감당치 못하겠사오니 다만 말씀으로만 하옵소서 그러면 내 하인이 낫겠사옵나이다"라고 고백합니다. 이 말에는 백부장의 큰 믿음과 하인을 사랑하는 마음이 잘 나타나 있습니다. 이에 예수님은 "이스라엘 중 아무에게서도 이만한 믿음을 만나 보지 못하였노라" 칭찬하며 마음의 소원을 이루어 주셨습니다.

12년 동안 혈루증을 앓던 여인 역시 믿음으로 소원을 응답받았습니다(막 5:25~34). 그녀는 많은 의원을 찾아다녔지만 낫기는커녕 괴로움을 많이 겪으며 재산도 다 허비하였습니다. 도리어 병이 더 심해졌던 차에 예수님에 대한 소문을 들었습니다.

여인은 예수님의 옷에 손을 대기만 해도 나을 줄 믿고 무리 가운데 섞여 가만히 옷을 만졌습니다. 그러자 예수님의 능력이 나가 곧 혈루 근원이 말랐습니다. 예수님께서는 그녀의 믿음을 기뻐하시고 "네 믿음이 너를 구원하였으니 평안히 가라 네 병에서 놓여 건강할지어다"라고 축복하셨습니다.

하나님께서는 자녀들이 하나님을 기쁘시게 하면 마음의 소원을 들어주시고 범사에 합력하여 선을 이루어 주십니다. 우리가 이것을 확실히 믿는다면 항상 응답받는 삶을 영위할 수 있습니다.

마가복음 9장 23절에 "할 수 있거든이 무슨 말이냐 믿는 자에게는 능치 못할 일이 없느니라" 말씀하셨습니다. 그러므로 어떤 문제가 있다 해도 하나님께서 해결하실 수 있음을 믿고 의지하면 반드시 해결해 주시고 이루어 주십니다(시 37:5). 식언치 아니하시고 말씀한 바를 성취하시는 하나님을 기쁘시게 함으로 마음의 모든 소원을 이루시기 바랍니다.

COLUMN VIEW
칼럼 뷰

소원을 이루는 비결

　자유분방한 성격에 연예계를 동경하는 꿈 많은 소녀가 있었습니다. 진로를 놓고 고민하다가 스포츠를 좋아하여 생활체육학과에 입학했지만, 여전히 연예계 진출에 대한 꿈이 남아 있었습니다.
　어느 날, 한 잡지사에서 촬영 제의가 들어오자, 앞뒤 가릴 것 없이 수락했습니다. 주일에 대예배만 드리고 오후에는 촬영에 임했습니다. 그 뒤 단역 배우로 드라마에 출연하게 되면서 더 나은 내일을 꿈꾸며 그 일에 몰두했습니다.

　그러던 중, 전국 스노보드 기술 선수권 대회에 출전하였는데, 불과 0.06차이로 불합격했습니다. 실력이 있었기에 당연히 합격할 것이라 생각했는데 결과를 보고 큰 충격을 받았습니다. 순간 하나님과의 사이에 죄의 담이 있다는 깨우침이 왔습니다.
　"온전한 주일성수를 하지 않아 응답 받지 못한 거구나!"

지난날을 회개하며 예배와 기도에 최선을 다하였더니 스노보드를 가르쳐 준 교수님에게서 뜻밖의 연락이 왔습니다. 다시 스노보드 기술 선수권대회에 출전해 보라는 것이었습니다. 고배를 마신 기억이 있기에 엄두가 나지 않았습니다.

"그러지 말고 경험도 쌓을 겸 다시 한 번 도전해 봐. 네가 원하는 꿈이 어떤 방향으로 이루어질지 누가 알겠니?"

교수님의 사랑어린 권유에 출전하기로 했습니다. 하지만 주일을 지키기 위해 합숙 훈련을 포기했습니다. 그녀는 연습량을 채우기 위해 비 오는 날에도 쉬지 않고 혼자 연습했습니다. 주중에는 연습을 마친 뒤 화요찬양예배와 금요철야예배에 꼭 참석했고 주일에도 온전히 예배를 드렸습니다. 이처럼 하나님을 인정해 드리며 최선을 다해 훈련한 후 대회를 위해 주의 종에게 기도를 받았더니 큰 축복이 임했습니다.

대회 기간에 호우주의보가 발령될 정도로 많은 비가 내렸는데 그녀는 평소 비가 내리는 날에도 연습을 했기에 자신 있게 대회에 임할 수 있었습니다. 그리고 단 한 번의 실수도 없이 실력을 발휘하여 결국 우승의 영예를 안았습니다.

Chapter 7

온전한 응답을 받으려면

하나님을 경외하는 것이란

온전한 응답을 받으려면

여호와를 경외하는 것은 악을 미워하는 것이라
나는 교만과 거만과 악한 행실과
패역한 입을 미워하느니라

잠언 8:13

My Father Will Give to You in My Name

하나님께서는 천지 만물을 지으신 창조주이며 시간과 공간을 초월하여 언제 어디서나 역사하시는 능력의 하나님입니다. 또한 구하고 찾고 두드리는 사람에게 응답하시는 사랑의 하나님입니다. 이러한 하나님을 만나면 어떤 어려움 가운데서도 소망을 얻을 수 있고 질병은 물론 가정, 자녀, 물질 등 인생의 모든 문제를 해결받으며 풍성한 축복을 받을 수 있습니다.

그래서 민수기 6장 24~26절을 보면 "여호와는 네게 복을 주시고 너를 지키시기를 원하며 여호와는 그 얼굴로 네게 비취사 은혜 베푸시기를 원하며 여호와는 그 얼굴을 네게로 향하여 드사 평강 주시기를 원하노라" 말씀합니다. 우리가 하나님을 만나 온전한 응답을 받으려면 어떻게 해야 하는지 구체적으로 살펴보겠습니다.

하나님을 경외하는 것이란

말라기 4장 2절을 보면 "내 이름을 경외하는 너희에게는 의로운

해가 떠올라서 치료하는 광선을 발하리니 너희가 나가서 외양간에서 나온 송아지같이 뛰리라" 말씀하셨습니다. 답답한 외양간에 갇혀 있던 송아지가 풀려나면 얼마나 힘차게 뛰노는지요. 질병과 약함에 얽매인 사람들도 치료의 광선이 임하면 이처럼 얽매인 것이 풀어지고 강건케 될 수 있다는 말씀입니다.

여기서 '약함'이란 단순히 몸에 힘이 없고 쇠약한 상태를 가리키는 것이 아닙니다. 소아마비, 뇌성마비, 지체 장애와 같이 신체의 일부가 퇴화되거나 마비된 상태를 말합니다. 이런 약함과 각종 질병에 걸린 사람이라도 하나님께서 비춰 주시는 치료의 광선을 쐬면 깨끗이 치료됩니다.

그런데 치료의 광선을 받기 위해서는 한 가지 조건이 붙습니다. 바로 하나님 이름을 경외해야 한다는 것입니다. 하나님을 경외하는 것이란 무엇일까요? 잠언 8장 13절을 보면 "여호와를 경외하는 것은 악을 미워하는 것이라 나는 교만과 거만과 악한 행실과 패역한 입을 미워하느니라" 했습니다. 하나님은 교만과 거만을 싫어하고 악한 행실을 미워하십니다.

따라서 선이신 하나님과 반대되는 악을 미워하고 선을 행하는 것이 곧 하나님을 사랑하고 경외하는 것입니다. 부모와 자녀 사이에도 서로를 사랑하고 존중하면 상대가 싫어하는 것을 하지 않습니다. 부부간에도 정말 사랑한다면 서로가 슬퍼할 일을 하지 않고 상대가 원하는 편을 택하여 기쁨과 평안을 주려 합니다. 하나님과 우리 사이도 마찬가지입니다.

하나님께서는 죄인이던 우리를 구원하기 위해 독생자를 십자가에 내어 주시는 사랑을 베푸셨습니다. 아무런 죄도 없는 독생자를 화목제물로 삼아 우리에게 구원의 길을 열어 주신 것입니다. 이러한 사랑을 안다면 우리도 당연히 하나님을 사랑하고 경외해야 합니다. 진실로 그러한다면 하나님께서 싫어하시는 것을 하지 않을 뿐 아니라 악을 철저히 미워합니다.

그런데 많은 사람이 "하나님을 사랑합니다. 경외합니다." 하면서 여전히 악은 미워하지 않는 것을 봅니다. 머리로는 악을 미워한다고 생각하지만 여전히 마음에 악을 품고 악한 말과 행동을 하기도 합니다. 이는 진정 악을 미워하는 것이 아니며 결국 '하나님을 사랑하고 경외하는 것'이라 할 수도 없습니다.

온전한 응답을 받으려면

자녀에게 무엇이나 다 해 주고 싶고 좋은 것을 주고 싶은 것이 부모의 마음입니다. 마찬가지로 하나님께서도 믿음의 자녀들이 잘되기 원하고 그들의 삶의 모든 분야에 복을 주기 원하십니다. 그래서 마태복음 7장 11절에는 "너희가 악한 자라도 좋은 것으로 자식에게 줄 줄 알거든 하물며 하늘에 계신 너희 아버지께서 구하는 자에게 좋은 것으로 주시지 않겠느냐"라고 하셨지요.

또한 잠언 8장 17절을 통해 "나를 사랑하는 자들이 나의 사랑을 입으며 나를 간절히 찾는 자가 나를 만날 것이니라" 말씀합니다. 우리가 하나님을 경외하고 사랑하면 능력의 하나님을 만나 놀라운 사랑을 입을 수 있습니다. 하나님을 간절히 찾으며 기쁘시게 하면 구하는 것마다 온전한 응답과 축복을 받아 마음껏 하나님께 영광을 돌리게 됩니다. 그러기 위해서는 구체적으로 어떤 행함이 필요할까요?

죄의 담을 헐고 선으로 쌓아야

하나님은 공의로우시며 사랑 자체이신 분입니다. 하나님께서 명하신 말씀은 모두 우리를 위한 것으로 그 말씀대로 순종하면 영혼이 잘됨같이 범사가 잘되고 강건하며 형통하게 됩니다. 그러므로 우리는 하나님의 명령에 기쁨으로 순종할 수 있는 것이며, 이는 한량없는 은혜와 사랑을 받은 사람으로서 마땅한 일입니다. 이와 더불어 하나님께서 싫어하시는 악은 모양이라도 버리는 것이 하나님을 진정 사랑하고 경외하는 모습입니다.

만일 자신에게 응답받을 문제가 있다면 더더욱 악을 미워해야 합니다. 악으로 인해 시험에 들고 갖가지 문제가 왔기 때문입니다. 예를 들어, 물질에 미혹을 받아 어려움을 당했다고 합시다. 내가 미혹받고 상대가 나를 속일 수 있었던 것은 나 자신에게 욕심이 있었기 때문입니다. 그렇다면 내게 어려움을 갖다준 상대를 미워할 것이 아니라 내 마음에 있는 '욕심'을 미워해야 합니다. 그 사람으로 인해 내 안에 욕심이나 사심이 있다는 것을 발견하여 버릴 수 있게 되었으니 오히려 감사해야 하지요.

욕심을 버리지 않는 한 언젠가 또다시 시험에 들 수 있습니다. 그래서 야고보서 1장 14~15절에 "오직 각 사람이 시험을 받는 것은 자기 욕심에 끌려 미혹됨이니 욕심이 잉태한즉 죄를 낳고 죄가 장성한즉 사망을 낳느니라" 말씀하시는 것입니다.

어떤 문제가 있다면 근본 원인이 무엇인지 발견하여 제거하는 것이 지혜로운 해결 방법입니다. 물질의 문제뿐 아니라 질병이나 연약함 등 모든 문제에는 근본 이유가 있습니다. 예를 들어, 질병의 원인에 대하여 출애굽기 15장 26절을 보면 "너희가 너희 하나님 나 여호와의 말을 청종하고 나의 보기에 의를 행하며 내 계명에 귀를 기울이며 내 모든 규례를 지키면 내가 애굽 사람에게 내린 모든 질병의 하나도 너희에게 내리지 아니하리니 나는 너희를 치료하는 여호와임이니라" 말씀하셨습니다.

하나님 말씀대로 사는 사람은 어떠한 질병에도 걸리지 않도록 하나님께서 지켜 주십니다. 만일 질병이 왔다면 하나님의 뜻에 위배하여 행한 것이 있다는 것을 의미합니다. 하나님의 뜻을 위배한 것이 죄의 담이 되어 하나님의 은혜와 보호를 가로막은 것입니다.

하나님께서 능력이 부족하여 지켜 주지 못하시는 것이 아닙니다. 이사야 59장 1~2절을 보면 "여호와의 손이 짧아 구원치 못하심도 아니요 귀가 둔하여 듣지 못하심도 아니라 오직 너희 죄악이 너희와 너희 하나님 사이를 내었고 너희 죄가 그 얼굴을 가리워서 너희를 듣지 않으시게 함이니" 말씀했습니다. 그러므로 질병을 비롯한 모든 문제에 온전한 응답을 받으려면 먼저 하나님과 자신 사이를 가로막은 죄의 담을 허는 것이 중요합니다.

그러면 죄의 담에는 어떤 것이 있을까요?

예를 들어, 하나님을 믿지 않고 예수 그리스도를 영접하지 않은 것, 이웃을 사랑하지 못한 것, 욕심으로 기도한 것, 그리고 미워하고 시기하며 판단 정죄한 것 등 하나님께서 "하라, 하지 말라, 지키라, 버리라" 하신 말씀에 어긋나게 행한 모든 것이 죄의 담이 됩니다. 이를 찾아 회개하여 죄의 담을 헐 때 비로소 응답이 오는 것입니다.

이와 함께 하나님을 기쁘시게 하는 믿음의 행함과 선의 행함을 쌓아간다면 신속하게 온전한 응답을 받을 수 있습니다. 히브리서 11장 6절을 보면 '믿음이 있어야 하나님을 기쁘시게 할 수 있다' 했고, 야고보서 2장 22절에는 '믿음이 그의 행함과 함께 일하고 행함으로 믿음이 온전케 된다' 말씀했습니다.

정녕 믿음이 있는 사람은 하나님 말씀에 순종합니다. 하나님께서 "기뻐하라, 용서하라, 섬기라, 사랑하라, 상대의 유익을 구하라, 빛 가운데 행하라" 하셨으니 그 말씀대로 행합니다. 선으로 보고 듣고, 선으로 말하고 행하는 등 삶 속에서 최선을 다해 선을 쌓아가는 것입니다. 하나님께서는 이런 믿음과 선의 행함을 기뻐하며 신속히 응답하십니다(요일 3:21~22). 그러므로 열심히 진리를 듣고 깨우쳐 믿음을 성장시키며 그에 맞는 선한 행함을 나타내야 하는 것입니다.

하나님은 은혜롭고 자비하셔서 어찌하든 좋은 것으로 주기 원하십니다. 각 사람의 믿음의 분량에 따라서 합당한 행함을 보이면 즉시 응답해 주십니다. 그래서 초신자라 해도 단번에 응답받는 경우가 있는 것입니다. 그런데 이미 하나님의 은혜도 체험하고 신앙의 경륜도 있는 사람에게는 더 높은 수준의 행함을 원하십니다. 예전보다 더 선하고 큰 믿음을 내보이길 원하시는 것입니다.

그런데 사람 편에서는 예전과 똑같이 행하거나 그보다 못하면서 '기도해도 응답이 안 온다.' 생각하기도 합니다. 당장 응답받거나 문제를 해결받고 질병을 치료받는 데만 목적을 두는 것입니다. 하나님 편에서 우리에게 바라시는 것은 그것이 아닙니다. 당장의 응답은 부수적인 열매일 뿐입니다. 하나님 편에서 가장 중요하게 여기시는 것은 하나님의 자녀들이 말씀대로 살아서 믿음이 성장하는 것입니다. 하나님께서 원하시는 믿음이 되면 당연히 구하는 대로 응답해 주십니다.

따라서 사람 편에서도 자신의 문제에 대해 하나님과 같은 시각을 가져야 합니다. 당장의 응답에 얽매일 것이 아니라 문제의 근본 원인을 해결하는 데 목적을 두어야 하는 것입니다. 그러면 응답이 오기까지 기다리는 동안 조급하거나 불안하지 않습니다. 그 시간이 자신을 영으로, 곧 진리로 변화시키는 축복의 시간임을 알아 감사하며 보낼 수 있는 것입니다.

죄의 담을 헌 뒤 다시 쌓지 않아야

어떤 사람은 응답받기에만 급급해하는 것을 봅니다. 응답이 더디면 실망하고 낙심하며, 심지어는 원망하고 불평하는 말을 내기도 합니다. 그러면 이러한 말을 한 자체가 또다시 하나님과의 사이에 죄의 담을 높여서 응답의 시점은 더 멀어지게 됩니다.

물론 다시 회개하고 믿음으로 예물을 심고 봉사하며 기도를 합니다. 이렇게 믿음으로 쌓기는 하지만 이미 쌓은 죄의 담을 헐기에는 부족할 수 있습니다. 온전한 응답을 받으려면 죄의 담을 남김없이 다 헐어야 합니다. 그런데 조금 헐었다가 다시 쌓고, 조금 헐고 또다시 쌓기를 반복하니 응답받기가 어려운 것입니다.

가령 하나님과의 사이에 죄의 담이 10센티미터가 쌓였다고 합시다. 그 상태에서 기도하고 금식하며 회개함으로 5센티미터를 헐었습니다. 그러면 5센티미터는 여전히 남아 있습니다. 이때 계속 죄의 담을 헐어서 0이 되어야 온전한 응답을 받을 수가 있습니다.

그런데 아직 담이 남았는데도 불구하고 그동안 열심히 기도하고 금식도 했으니 이제 응답받으리라 기대합니다. 하지만 담이 남아 있기 때문에 공의의 잣대로 재면 아직은 응답받을 때가 아닙니다. 그런데 이런 사실을 알지 못한 채 응답이 안 오면 서운해하고 감사치 못하며 불평하기도 합니다. 그러면 아직 남아있는 담 위에 또다시 담을 쌓게 되니 응답받기가 더 어려워집니다. 따라서 응답받기 위해서는 죄의 담을 헐었다가 다시 쌓는 일이 결코 없어야 합니다.

사람들은 자신들이 노력한 것만 생각하고 말과 행함으로 쌓은 죄의 담은 잘 기억하지 못합니다. 그래서 '오랫동안 믿음으로 행했는데도 응답이 안 된다, 더디다' 생각하며 실망하고 낙심하는 경우가 있습니다.

하나님께서 이런 사람들을 보실 때에 마음이 어떠시겠는지요? 정말 중요한 것은 내 영혼의 변화입니다. 그러니 신실하신 하나님을 변함없이 믿고 영혼이 잘되기 위해, 곧 진리로 변화되기 위해 노력해야 합니다. 그리고 모든 말씀을 선으로 생각하며 오래 참을 수 있어야 응답을 앞당길 수 있습니다. 열심히 믿음으로 행하고, 선으로 쌓은 것을 깎아 버리지 않으니 응답의 시간이 앞당겨지는 것입니다.

질병의 치료만이 아니라 가정의 화평이나 복음화, 물질의 축복 등 범사가 그렇습니다. 영혼이 잘되면 범사가 잘되고 형통케 됩니다(요삼 1:2). 마음을 영으로, 진리로 일굴수록 더 큰 축복과 응답이 임하는 것입니다. 그런데 오랫동안 신앙생활을 했어도 지금 자신의 모습이 예전과 비슷하다면 영적인 성장이 제자리라는 증거입니다. 그런 경우 신속히 비진리를 버리고 영으로, 진리로 채워나가야 합니다.

어떤 사람은 영을 사모하여 진리를 취하고 육, 곧 비진리를 버린다고 합니다. 그런데 다른 한편으론 계속 육을 취해 나갑니다. 영으로 채운 분량보다 더 많은 분량의 육을 취하기도 합니다. 이때 육을 버리는 것보다 취하는 것이 쉽기 때문에 자신은 조금 취했다 생각하지만 실은 많은 분량이 채워질 수 있습니다.

그런데도 사람 편에서는 '영은 많이 취했고 육은 조금 취했다'고 여깁니다. 하지만 결과적으로 볼 때는 육의 마음이 영의 마음보다 크거나 제자리걸음을 하는 경우가 많습니다. 그러면서도 '나는 왜 열심히 기도해도 육이 안 버려질까?' 생각하고 낙심합니다.

그러나 정말 하나님을 사랑하는 사람들은 육을 철저히 끊습니다. 육은 썩어지고 냄새나는 것임을 알아 취하려 하지 않습니다. 반대로 영을 사모하고 취해 나가니 신속히 마음이 영으로 채워집니다. 이렇게 영으로만 정진하는 사람은 응답도 축복도 바로 임합니다.

하나님은 신실하시며, 모든 것을 공의와 사랑 가운데 이루십니다. 우리가 이런 하나님을 진실로 사랑하고 경외한다면 어떻게 해야 하는지 답은 분명합니다. 하나님과 나 사이를 가로 막는 요소들을 온전히 벗어내고 다시 취하지 말아야 합니다. 악을 미워하고 온전히 버리며, 선으로 채우기에 힘써야 합니다.

이렇게 행함으로 하나님을 사랑하는 증거를 나타낸 사람에게 하나님께서는 반드시 응답을 주십니다. 건강, 물질, 명예 등 구하는 것마다 넘치게 주십니다. 혹여 응답이 더딘 것은 하나님께서 우리에게 믿음으로, 선으로 더 쌓을 시간을 주시는 것입니다. 그러므로 신실하신 하나님을 사랑하고 경외하는 삶을 영위하여 항상 온전한 응답과 축복을 받으시기 바랍니다.

COLUMN VIEW
칼럼 뷰

연봉 세 배 인상의 비결

　세계 최고봉에 오른 등산가는 어떤 것과도 비길 수 없는 기쁨과 감동을 만끽한다고 합니다. 등정 과정에는 때로 외롭고 고단한 순간들이 있고, 또 의지와 열정만으로 쉽게 오를 수 있는 것도 아닙니다. 그런데 탁월한 산악 등반 전문가가 동행하며 속도를 조절해 주고 어려운 고비마다 힘을 북돋워 준다면 오르기가 훨씬 수월할 것입니다. 우리 인생길도 뛰어난 조력자의 도움을 얻는다면 쉽고 평안하게 갈 수 있습니다.

　신앙생활을 하면서 하나님의 도우심으로 큰 축복을 받은 성도가 있습니다. 그는 축산 수입 파트 요원으로 일하면서 때때로 하나님의 손길을 체험하며 믿음이 성장하였습니다. 성실히 일하며 좋은 품종의 축산물을 수입하여 회사의 매출 증대에 기여하였습니다. 얼마 지나지 않아 회사에서 새롭게 시작하는 분야의 전문 컨설턴

트가 되었습니다. 소비자에게 공급되는 육류에 유해 물질이 들어가지 않도록 미리 관리하는 업무였습니다.

전문 컨설턴트로서 종사자들을 교육하며 국가공인업체로 지정받을 수 있도록 관리해 주는데 합격률이 높아지니 널리 소문이 나서 농장의 계약 요청이 쇄도하였습니다. 게다가 축산물 위생 관련 강사로 위촉되었으며 그동안의 성과를 인정받아 연봉이 3배로 인상되는 등 연구소 내에서도 전례 없는 축복을 받고 있습니다.

처음 그 일을 할 때는 자신의 생각이 앞서 실수할 때도 있었지만 말씀을 듣고 기도하면서 하나님을 의지하니 지혜롭게 모든 일을 처리할 수 있었습니다. 능력 있는 일꾼이요, 뛰어난 강사로 인정받으며 농장주와의 계약도 잘 이루어지는 등 형통한 복을 받고 있습니다. 그는 고백합니다.

"하나님께서 역사하시는 것은 확실히 다릅니다. 사람들은 안 되는 것은 안 된다고 생각합니다. 하지만 믿음 안에서는 안 될 것도 되고 될 것은 더 잘됩니다."

Chapter 8

심고 거두는 축복의 비결

응답과 축복의 기본 원리

30배, 60배, 100배로 거두는 비결

여호와께서 모세에게 일러 가라사대
아론과 그 아들들에게 고하여 이르기를
너희는 이스라엘 자손을 위하여 이렇게 축복하여 이르되
여호와는 네게 복을 주시고 너를 지키시기를 원하며
여호와는 그 얼굴로 네게 비취사 은혜 베푸시기를 원하며
여호와는 그 얼굴을 네게로 향하여 드사
평강 주시기를 원하노라 할지니라 하라
그들은 이같이 내 이름으로 이스라엘 자손에게 축복할지니
내가 그들에게 복을 주리라

민수기 6:22~27

My Father Will Give to You in My Name

농부가 수확을 많이 하려면 먼저 땅을 개간한 후에 씨를 뿌리고 정성을 다해 가꾸어야 합니다. 땅이 아무리 넓어도 씨를 뿌리지 않으면 추수 때에 거둘 것이 없습니다. 반면에 넓은 땅에 씨를 많이 뿌리고 열심히 가꾸었다면 소망을 가지고 추수 때를 기다리겠지요. 그런데 어떤 사람은 열심히 일했는데 수확이 좋지 않은 경우가 있습니다. 이는 뭔가 농사짓는 방법이 잘못된 것입니다.

영적으로도 마찬가지입니다. 어떤 사람은 신앙생활을 열심히 하는 것 같은데 축복의 소식이 들리지 않습니다. 특별히 어렵지는 않다 해도 신앙생활 한 지 수십 년이 지나도록 눈에 띄는 축복이나 응답이 없는 경우도 있습니다. 하나님 앞에 믿음으로 심었으면 반드시 열매가 맺혀야 하는데 그렇지 못하다면 자신의 신앙을 점검해 보아야 합니다.

응답과 축복의 기본 원리

우리 마음을 변화시켜서 옥토로 만드는 것, 이것이 신앙생활의 핵심입니다. 마음을 빛으로, 의와 선으로, 진리로 변화시켜 하나님의 형상을 닮아야 하지요. 이렇게 마음을 부지런히 개간하며 하나님의 뜻대로 열심히 심을 때 축복과 응답으로 거둘 수 있습니다. 그러면 우리가 응답받는 과정을 심고 거두는 자연의 법칙에 적용해 보겠습니다.

첫째, 마음 밭을 개간해야 합니다

농사를 지을 때 아무리 좋은 씨를 많이 뿌린다 해도 토질이 나쁘면 수확이 좋지 못합니다. 기왕이면 좋은 밭, 즉 옥토에 씨를 뿌려야 풍성하게 수확할 수 있습니다. 마찬가지로 축복받기 위해 씨를 뿌릴 때도 영적으로 좋은 밭에 뿌려야 합니다.

밭은 영적으로 우리의 마음을 뜻합니다. 많은 씨를 뿌리고 열심히 가꾼다 해도 마음 밭이 좋지 않으면 기대만큼 좋은 수확을 할 수 없습니다. 그러니 먼저는 마음 밭을 개간해야 하는데, 이는 죄와 악을 벗어 버리고 성결된 깨끗한 마음을 이루는 것을 말합니다. 곧 "악은 모양이라도 버리라, 욕심을 버리라, 미워하지 말라, 판단하지 말라" 등 성경에 '하지 말라, 버리라' 하신 말씀에 순종하는 것이 마음 밭을 개간하는 것입니다.

둘째, 씨를 심어야 합니다

씨를 심는다는 것은 '사랑하라, 상대의 유익을 구하라, 섬기라, 안식일을 지키라' 등 성경에 무엇 무엇을 '하라, 지키라' 하신 대로 순종하는 것을 말합니다. 말씀대로 씨를 심되, 한 번만 심고 마는 것이 아니라 계속 심어야 합니다. 농부가 농사를 지을 때도 철을 따라 씨를 뿌리듯이 영적으로도 천국에 갈 때까지 뿌리고 거두는 작업이 계속되어야 합니다.

셋째, 인내로 가꾸는 과정이 필요합니다

심기만 하고 가꾸지 않으면 추수 때가 되어도 거둘 것이 별로 없습니다. 영적으로 가꾸는 것이란 예배드리고 기도하며 찬송하는 것을 말합니다. 예배를 통해 하나님 말씀을 듣고 배워야 믿음이 성장할 수 있습니다. 이와 함께 찬송과 기도로써 성령 충만함을 얻어야 새 힘을 받아 밭을 옥토로 개간하며 열심히 심고 가꿀 수 있습니다.

항상 기뻐하고 범사에 감사하는 것 역시 영적으로 가꾸는 것입니다. 이것이 곧 믿음입니다. 이 땅에서도 추수할 소망이 가득한 농부는 기쁘고 행복하게 일을 합니다. 흥얼흥얼 노래하면서 거두기까지 부지런히 가꿉니다. 우리도 천국 소망 가운데 항상 기뻐하고 범사에 감사하면 원수 마귀 사단이 틈타지 못하고 천국까지 힘차게 달려갈 수 있습니다.

넷째, 꽃이 피고 열매를 거두는 과정이 있어야 합니다

꽃이 피면 향기가 나듯이 우리 마음에도 영적인 꽃이 피면 그리스도의 향기가 납니다. 마음이 점점 하나님을 닮아가니 주변 사람이 그리스도의 향기를 느낄 수 있습니다. 이렇게 심은 것에 꽃이 피면 마침내 열매가 맺힙니다. 성령의 아홉 가지 열매, 팔복의 열매, 사랑장의 열매, 빛의 열매 등 영적인 열매들이 맺히는 것입니다.

30배, 60배, 100배로 거두는 비결

이처럼 마음 밭을 개간하고 하나님 말씀대로 심고 가꾸는 것이 영육 간에 모든 응답과 축복을 거두는 기본 원리이자 핵심입니다. 마음 밭을 얼마나 옥토로 개간하여 씨를 많이 심고 가꾸었느냐에 따라 거두는 정도가 다릅니다. 2배로 거두는 사람이 있는가 하면 30배, 60배, 100배로 거두는 사람도 있습니다. 우리가 영적으로 어떻게 심고 가꾸어야 30배, 60배, 100배의 풍성한 열매를 거둘 수 있을까요?

무엇보다 먼저 마음의 할례를 해야 합니다
이는 마음 밭을 개간하여 옥토를 만들라는 말입니다. 우리가 무엇을 심든지 열매로 거두기 위해서는 반드시 믿음으로 심어야 합니다. 믿음이 있어야 하나님을 기쁘시게 할 수 있고 하나님의 역사를 체험할 수 있기 때문입니다. 그런데 믿음은 우리 마음이 성결된 만큼 하나님께서 주시지요. 따라서 마음을 할례하여 죄악을 벗어 버릴수록 영적인 믿음이 커지므로 축복도 더 크게 받을 수 있습니다.

요한3서 2절을 보면 "사랑하는 자여 네 영혼이 잘됨같이 네가 범사에 잘되고 강건하기를 내가 간구하노라" 말씀했습니다. 영혼이 잘 됨같이, 곧 마음밭을 옥토로 개간하는 만큼 육적으로도 범사에 잘되고 강건한 축복을 받아 나간다는 말씀입니다.

이처럼 영혼이 잘되는 것이 응답과 축복을 받는 길이므로 먼저 마음을 할례하는 것이 중요합니다. 마음의 할례란 마음에 있는 비진리를 벗어 버리는 것, 곧 마태복음 13장에 나오는 길가밭, 돌밭, 가시떨기밭을 옥토로 개간하는 것을 의미합니다.

길가밭은 영적으로 단단한 마음, 즉 하나님 말씀을 들어도 깨닫지 못하고 믿지 못하는 마음입니다. 이런 밭을 개간하려면 교만, 자존심, 고집, 거짓 등 마음의 악을 버리고 자기가 옳다는 의와 틀을 깨뜨려야 합니다. 또 돌밭은 하나님 말씀을 들으면 깨닫고 은혜도 받지만 시험이나 환난, 핍박을 만나면 이내 넘어지는 마음입니다. 이런 마음은 말씀에 순종하지 못하게 하는 비진리, 세상을 사랑하는 마음을 골라내면 됩니다.

가시 떨기밭은 말씀을 들으면 믿고 행하기는 하지만 온전하게 행하지 못하는 마음입니다. 이런 마음 밭인 사람은 가시 떨기인 세상 염려와 재물, 명예, 권세 등에 대한 탐심을 뽑아 버리면 됩니다.

우리가 주님을 영접하고 하나님의 자녀가 되면 이처럼 마음 밭을 개간하는 작업이 시작됩니다. 하나님 말씀을 통해 비진리를 발견하여 버려 나가는 만큼 마음 밭이 개간되어 옥토로 변합니다. 악이 없고 선한 마음, 하나님 말씀에 순종하는 진리의 마음이 되는 것입니다. 이렇게 진리로 변화되어 기름진 옥토를 준비하고 거기에 씨를 심으면 영육 간에 풍성한 열매를 거둘 수 있습니다.

하나님 앞에 온전한 주일 성수와 십일조를 해야 합니다

주일 성수는 하나님의 영적 주권을 인정하는 것입니다. 곧 우리 영혼이 하나님께 속해 있음을 인정한다는 의미로서, 자신이 예수 그리스도를 믿는 하나님의 자녀임을 증거하는 최소한의 행함입니다. 주일을 지키지 않는 사람이라면 원수 마귀 사단이 시험 환난을 준다 해도 하나님께서 지켜 주실 수 없습니다. 하나님의 영권을 인정하지 않기 때문입니다. 그러니 아무리 씨를 뿌려도 폭풍과 가뭄 같은 재앙을 만나 결국 수확할 수 없습니다. 축복을 받지 못하는 것입니다.

어떤 분은 사업 특성상 주말에 주로 일감이 많이 들어오므로 주일을 지키지 않았습니다. 그러면서도 '어쩔 수 없는 상황'이라고만 생각했습니다. 그러다가 말씀을 통해 잘못을 깨닫고 '주일에 생기는 일감은 내 것이 아니다' 하고 주일을 지키기로 결단했습니다. 그러자 하나님께서는 하나님의 방법으로 축복해 주셨습니다. 생각도 못했던 일감들을 보내 주셔서 주중에 더 큰 수입을 얻게 하신 것입니다.

십일조를 한다는 것은, 하나님의 물적 주권을 인정하는 행함입니다. 천하 만물이 창조주 하나님께 속해 있고 우리의 모든 축복도 하나님께로부터 온다는 사실을 인정한다는 증거입니다. 그래서 하나님께서는 말라기 3장 10절에 "너희의 온전한 십일조를 창고에 들여 나의 집에 양식이 있게 하고 그것으로 나를 시험하여 내가 하늘 문을 열고 너희에게 복을 쌓을 곳이 없도록 붓지 아니하나 보라" 하셨습니다.

또 십일조는 다음 해를 위해 구분해 놓는 종자와 같습니다. 농부는 추수한 곡식 중에서 제일 좋은 알곡으로 종자를 골라 놓습니다. 당장 먹을 것이 없다고 종자를 남겨 두지 않으면 농사를 지을 수 없습니다. 마찬가지로 하나님의 자녀라면 십일조는 하나님의 것이므로 가장 먼저 구별해 드려야 합니다. 쓰고 남는 것을 드리는 것이 아닙니다. 또 십일조로 드릴 것을 가지고 구제 등 다른 헌금으로 드렸다면 여전히 십일조를 하지 않은 것이 됩니다.

신앙생활에서 주일 성수나 십일조는 기본 중에 기본입니다. 구원과도 밀접한 관계가 있으므로 매우 중요한 분야이지요. 아무리 열심히 기도하며 축복을 구한다 해도 주일을 성수하지 않거나 십일조를 드리지 않는다면 하나님께서 축복하실 수 없습니다. 만약 축복을 주신다면 공의에 어긋나므로 사단이 송사하게 됩니다. 주일 성수와 십일조를 통해 하나님의 주권을 인정하며 믿음으로 구할 때라야 하나님도 축복과 응답을 주실 수 있습니다.

무엇이든지 욕심으로 구해서는 안 됩니다

"부자가 되려면 재물을 좇아가는 것이 아니라 재물이 자기를 좇아오게 해야 한다"는 말이 있습니다. 욕심에 눈이 멀어 재물에 집착

하면 판단력이 흐려지고 정도에서 벗어나므로 오히려 큰 손실을 입는 경우가 많습니다. 신앙 안에서도 물질의 축복을 받으려면 먼저 탐심부터 버려야 합니다. '탐심은 우상 숭배'라 하셨고 하나님께서 매우 싫어하시는 것입니다. 마태복음 6장 24절을 보면 '하나님과 재물을 겸하여 섬기지 못한다' 말씀했습니다. 하나님 또는 재물 중 어느 한쪽을 택해야 한다는 것입니다.

신앙생활을 하다 보면 자기 유익을 구할지, 손해를 보더라도 진리를 따를지 선택해야 하는 상황이 생길 때가 있습니다. 그럴 때 탐심이 있으면 적당히 둘러대면서 진리에서 벗어나는 행동을 합니다. 또 탐심 때문에 신앙이 변질되기도 하지요. 수입이 적을 때는 십일조를 잘했는데 수입이 늘어나니 아까워 드리지 못하는 일도 생깁니다.

우리가 물질의 축복을 구하는 이유는 자신이 더 많이 누리기 위해서가 아닙니다. 이 땅에 재물을 아무리 많이 쌓아둔다 해도 천국에 가면 아무 쓸모가 없기 때문에 물질의 축복을 구하는 목적은 오직 하나님께 영광 돌리고 영혼을 구원하기 위한 것이어야 합니다. 탐심으로 구하지 않으려면 내 것이 아닌 것은 바라지 말아야 합니다.

우리 마음에 탐심이 없다면 하나님께 구할 때도 조급하지 않고 공의에 맞게 성령의 주관을 받아 구합니다. 어떤 사람은 십일조가 10만 원인데 "십일조 100만 원 드리게 기도해 주세요." 합니다. 물론 앞으로 축복받아 그렇게 하겠다는 믿음은 좋지만 당장 그렇게 받을 수는 없습니다. 20만 원, 30만 원, 50만 원 그렇게 단계를 밟아 올라가야 합니다. 단계를 무시하고 자기 생각과 조급함으로 하나님께 독촉하듯 구하는 것은 믿음이 아닙니다.

어떤 경우는 사업이 잘된다고 해서 신중히 점검하지도 않고 선뜻 빚을 내 사업을 확장합니다. 혹은 한 가지 사업을 하다가 다른 것이 잘된다고 하면 그쪽으로 무작정 넓혀 가기도 하지요. 그러나 내가 앞서서 하는 것이 아니라 하나님께서 주관하시는 것이 무엇인지 분별할 수 있어야 합니다. 의욕이 앞서고 무조건 하고 싶은 마음도 성령의 음성을 막아버리는 욕심이 될 수 있습니다.

항상 정도를 걸어야 합니다

우리가 하나님의 법을 지킬 뿐 아니라 세상 법도 지키며 정직과 성실로 행할 때 하나님께서 지켜 주실 수 있습니다. 수월하게 유익을 얻으려고 편법을 쓰고 남을 속이거나 진리를 벗어나면 세상에서도 성공하기 어렵습니다.

창세기에 나오는 야곱은 삼촌의 양 떼를 지킬 때 성실하게 일했습니다. 추위와 더위, 밤낮을 가리지 않고 눈 붙일 겨를도 없이 가축들을 돌봤으며 심지어 도둑맞은 것이나 맹수에게 찢긴 것도 자기가 물어낼 정도였습니다. 남의 양 떼를 맡아 돌보면서도 이렇게 성실하게 일했기에 하나님께서 축복해 주신 것입니다.

야곱의 아들 요셉 역시 성실로 식물을 삼는 사람이었습니다. 애굽에 팔려가 종살이를 하면서도 얼마나 충성스럽고 지혜롭게 일했던지 주인이 집안일을 다 그에게 맡기고 다시 확인하지 않을 정도였습니다. 이런 사람이었기에 하나님께서는 연단을 통해 큰 그릇으로 만든 후에 애굽 전역을 통치하는 총리로 세우신 것입니다.

반면 아무리 진리를 많이 알고 기도를 많이 한다 해도 정도를 걷지 않으면 하나님께서 복을 주실 수 없습니다. 작은 일을 맡았을 때 충성하는 사람이라야 큰 것도 맡길 수 있습니다. 또한 사람 앞에서 정직하고 성실한 사람이라야 하나님 앞에 진실하다 인정받을 수 있습니다. 자신이 정직과 성실로 쌓아가지 않으면 비록 하나님께서 길을 열어 주신다 해도 축복을 자기 것으로 취할 수 없습니다.

부지런히 많이 심어야 합니다

고린도후서 9장 6절에 "이것이 곧 적게 심는 자는 적게 거두고 많이 심는 자는 많이 거둔다 하는 말이로다" 했습니다. 아무리 넓은 땅을 가진 농부라 해도 심은 만큼만 거둡니다. 물론 옥토에 뿌렸다면 같은 면적의 척박한 땅보다는 수확이 많겠지만, 좁은 면적에 뿌리고 드넓은 면적의 수확량을 기대할 수는 없습니다. 영적으로도 마찬가지입니다. 부지런히 많이 심을 때라야 그 축복을 실감할 수 있습니다.

하나님께 만 원을 심고 두 배로 받았다고 합시다. 이때 직접 돈으로 주실 수도 있고 질병이나 재앙의 손실을 막아 주실 수도 있습니다. 그런데 만 원의 두 배, 곧 2만 원 정도의 액수라면 하나님께서 주셨다 해도 그것을 실감하기는 어렵습니다. 반면, 천만 원을 심었는데 두 배로 갚아 주셨다면 금방 알 수 있습니다.

물론 단순히 액수가 크다 해서 '많이 심었다'고 할 수는 없습니다. 예물을 통해 하나님께서 받고자 하시는 것은 마음의 향이기 때문입니다. 마가복음 12장에 나오는 한 과부는 두 렙돈을 연보궤에 넣었습니다. 이는 당시 가장 작은 화폐 단위인 동전 두 닢에 지나지 않았습니다. 그러나 이를 보신 예수님께서는 과부가 다른 모든 사람보다 더 많이 넣었다고 하십니다. 다른 사람들은 많은 소유 중에 일부를 드렸지만 과부는 생활비 전부를 드렸기 때문입니다. 그런 마음의 향이 담긴 예물이기에 다른 사람들의 예물보다 하나님을 더 기쁘시게 한 것입니다.

믿음과 행함에 변개함이 없어야 합니다

농부가 많은 씨를 심고 몇 달 지났는데 열매가 보이지 않는다 해서 가꾸지 않거나 땅을 갈아엎어 버린다면 어떻게 되겠습니까? 그동안 수고한 것이 허사가 됩니다. 마찬가지로 하나님께 응답받기 위해서도 이것저것 기회가 될 때마다 부지런히 심되 심은 것은 반드시 축복으로 주실 줄 믿어야 합니다. 하나님께서는 가장 좋은 때에 가장 좋은 것으로 갚아 주십니다.

"내가 이만큼 드렸으니까 축복해 주세요." 하고 계산적으로 하나님 앞에 요청하는 것이 아닙니다. 축복을 안 주신다 해도 하나님을 사랑하기 때문에 드릴 마음이지만 하나님께서 축복을 약속하셨기에 영광 돌리고자 하는 믿음으로 구하는 것입니다. 응답이 더딘 것 같다 해서 불평하고 원망한다면 그것 때문에 오히려 응답이 멀어집니다.

응답받기 위해 믿음을 100만큼의 분량을 채워야 한다고 합시다. 열심히 믿음으로 구하고 행해서 50, 60을 채워가다가 갑자기 20 정도를 쏟아버렸다면 다시 그 분량을 채우느라 수고해야 합니다. 이렇게 채우다가 쏟고, 또 채우다가 쏟기를 반복하면 얼마나 더디겠습니까? 마찬가지로 축복을 받는 것도 믿음으로 심고 하나님을 기쁘시게 하는 행함으로 쌓아왔다면 끝까지 믿음으로 바라보아야 합니다.

또한 하나님 앞에 드리기로 정한 것은 반드시 그대로 지켜야 합니다. 드리고자 한 것을 자기 유익에 따라 바꾸거나 서원한 것을 어겨서는 안 됩니다(레 27장 ; 시 15:4). 당장 가진 것이 없어 작정할 때에도 자기 생각 속에서 하지 말고 성령의 주관 속에 해야 합니다. 인색함으로 해서도 안 되지만 욕심과 의욕이 앞서서도 안 됩니다. 그런데 생각 속에서 작정한 것이라도 한 번 정한 것은 반드시 지켜야 합니다. 그럴 때 틀림없이 심은 것 이상의 축복을 받습니다.

하나님께서 기뻐하시는 곳에 심어야 합니다

주식 투자를 해도 이윤을 남기려면 수익성이 좋은 종목에 투자를 해야 합니다. 부실한 종목에 투자했다가는 원금조차 보존하기 어렵습니다. 영적으로도 하나님께서 기뻐하시지 않는 곳에 심으면 축복받을 수 없습니다. 예를 들어, 구제는 하나님께서 기뻐하시는 일이니(잠 19:17) 축복받는 길입니다. 그런데 범죄하여 하나님께 징계받는 사람을 구제한다면 함께 연단을 받습니다. 그가 계속 죄를 짓도록 돕는 것과 마찬가지이기 때문입니다.

하나님께서는 심히 악을 행한 니느웨에게 회개할 기회를 주기 위해 요나에게 가서 그의 멸망을 경고하라 하셨습니다. 요나는 이스라엘의 적국인 니느웨가 멸망하기를 바랐기에 불순종하고 다시스로 가는 배를 탔습니다. 항해 도중 요나 때문에 폭풍이 왔는데, 이를 알고도 사람들은 요나를 돕다가 큰 어려움을 겪었고, 결국 요나를 바다에 던지니 풍랑이 그쳤습니다(욘 1:1~15).

구제뿐 아니라 예물도 마찬가지입니다. 하나님이 기뻐하시는 곳이나, 기뻐하시는 사람에게 심을 때라야 하나님께서 기쁨으로 거두게 하십니다. 하나님께서는 아브라함에게 "너를 축복하는 자에게는 내가 복을 내리고 너를 저주하는 자에게는 내가 저주하리니 땅의 모든 족속이 너를 인하여 복을 얻을 것이니라"며 복의 근원으로 세우셨습니다(창 12:3). 이로 인해 조카 롯은 그와 함께하는 것만으로도 거부가 되었습니다.

아브라함처럼 축복권과 저주권이 있는 하나님의 사람들이 주관을 받아 복을 빌어줄 때 상대에게 복이 그대로 임합니다. 이때도 그냥 복을 빌어 주는 것이 아니라 먼저 상대에게 축복받을 그릇을 준비하게 합니다. 심고 거두는 법칙을 알기 때문입니다. 이삭이 에서에게 장자의 축복을 빌어주고자 할 때도 먼저 별미를 만들어 오도록 했습니다. 영적인 법칙에 따라 축복하고자 한 것입니다.

갈라디아서 6장 6절에 "가르침을 받는 자는 말씀을 가르치는 자와 모든 좋은 것을 함께하라" 했습니다. 그런데 말씀을 가르치는 하나님의 종을 섬겨서 복을 받는 것은 그 종이 하나님께 합당한 경우에 해당합니다. 하나님께 불순종하고 범죄하는 주의 종이라면 그를 섬긴다 해도 복을 받을 수 없습니다. 따라서 지혜롭게 분별하여 하나님께서 기뻐하시는 곳에 바르게 심어야 축복을 받을 수 있습니다.

하나님의 나라에 충성해야 합니다

하나님의 나라에 충성한다는 것은 변함없이 신앙생활을 열심히 해야 한다는 뜻도 됩니다. 영적으로 참된 충성을 하는 사람은 몸으로만 봉사하지 않습니다. 신령과 진정으로 예배드리며, 쉬지 않고 불같이 기도합니다. 그럴 때 하나님께서 반드시 축복으로 갚아 주십니다.

어떤 분들은 열심히 사명을 감당하다가 축복을 받아 사업터에 일이 많아지니 사명을 소홀히 하기도 합니다. 이런 경우, 대부분 사명만 게을리하는 것이 아니라 신앙생활 자체가 변질됩니다. 예배의 은혜가 식고 기도도 하지 않는 등 점점 세상과 타협하는 것입니다. 더 많은 돈을 벌기 위해 하나님께서 싫어하시는 일까지 손을 대다가 하나님이 외면하시니 사업이 한순간에 무너지고 질병까지 얻기도 합니다.

그러므로 중요한 것은 진리대로 행하여 영혼이 잘되는 것입니다. 외적으로 보이는 충성만 하는 것이 아니라 마음의 악을 버리며 하나님을 사랑하는 마음, 진실한 마음으로 하나님 나라를 위해 충성해야 합니다. 나아가 가정이나 직장, 교회 등 자신이 속한 모든 곳에서 성실하며 충성되어야 진정 충성했다 인정받을 수 있습니다.

시편 116편 1~2절에 "여호와께서 내 음성과 내 간구를 들으시므로 내가 저를 사랑하는도다 그 귀를 내게 기울이셨으므로 내가 평생에 기도하리로다" 하신 대로 하나님께서는 사랑하는 자녀들의 기도와 간구를 들으시고 응답하기를 기뻐하십니다.

우리가 인생의 여러 문제로 고통받을 때 하나님께서는 어찌하든 응답하기를 원하십니다. 또한 하나님은 전능하셔서 무엇이나 응답해 주실 수 있습니다. 따라서 우리가 말씀을 믿고 순종하여 하나님을 기쁘시게 하면 응답받지 못할 것이 없습니다. 건강, 재물, 명예, 그 밖의 어떤 소원이든 이룰 수 있는 것입니다.

그러므로 항상 진리 안에 살며 하나님을 감동시켜 드리는 믿음과 행함을 내보여 모든 마음의 소원을 응답받으며 삶 가운데 기쁨과 감사가 넘쳐나기를 바랍니다. 또한 영혼이 잘되는 복을 받아 하나님의 마음, 하나님의 형상을 닮은 참 자녀가 되어 장차 새 예루살렘 성에서 큰 영광과 행복을 누리시기 바랍니다.

COLUMN VIEW
칼럼 뷰

사랑한다는 것은

　세상에는 수많은 사람이 살아갑니다. 얼굴이 다르듯이 생각도 다르고 성품도 다른 사람들이 이 모양 저 모양으로 어우러져 살아가는 모습을 보면 참으로 신기하기까지 합니다.
　조용한 음악을 좋아하는 사람이 있는가 하면 웅장하고 힘 있는 음악을 좋아하는 사람이 있고, 담백한 음식을 좋아하는 사람이 있는가 하면 기름진 음식을 좋아하는 사람도 있습니다. 이처럼 한 핏줄을 타고 난 가족이라도 습관이나 취향, 성격이 저마다 달라서 하나를 이루기란 쉽지 않습니다.

　그런데 한 가지 재미있는 사실은, 누군가를 사랑하면 상대의 마음에 맞추어 줄 수 있다는 것입니다. 설령 이제까지는 내가 싫어하던 것이라도 사랑하는 사람이 좋아한다면 기꺼이 따를 수 있고, 나를 바꾸게 됩니다. 이것이 사랑의 힘입니다.
　사랑하면 좋아하는 머리 스타일, 옷, 색

깔, 음식, 말투, 마음 씀씀이까지 상대의 마음에 맞추어 어떻게 하든지 상대를 기쁘게 하려 합니다. 그래서 누군가를 사랑하면 어느새 그를 닮아 있는 자신을 발견하게 됩니다.

요한일서 5장 3절에 "하나님을 사랑하는 것은 이것이니 우리가 그의 계명들을 지키는 것이라 그의 계명들은 무거운 것이 아니로다" 했고, 요한복음 14장 21절에는 "나의 계명을 가지고 지키는 자라야 나를 사랑하는 자니" 말씀했습니다.

하나님을 사랑하는 것은 그의 계명들을 지키는 것이요, 그의 계명을 지킨다는 것은 성경 66권 말씀을 지키고 사랑으로 율법을 완성하는 것입니다. 세상에서도 서로 사랑하면 상대가 힘든 일을 부탁해도 기쁨으로 들어 주는 것과 같이 하나님을 사랑하면 계명을 지키는 것이 조금도 힘들지 않습니다. 오히려 기쁨으로 모든 말씀을 지켜 행하게 됩니다.

잠언 8장 17절에 "나를 사랑하는 자들이 나의 사랑을 입으며" 하셨으니 늘 진리 안에 행하여 하나님을 사랑하는 증거를 나타내 보임으로 하나님의 자녀로서 풍성한 응답과 축복을 받으시기 바랍니다.

저자 이재록 목사

불같은 성령의 역사로 만민을 깨우는 권능의 목회자.

1982년 13명의 성도로 시작된 만민중앙교회를 성령의 역사 속에 전 세계 1만 1천여 지·협력 교회와 함께 사역하는 초대형 교회로 성장시켰다. 예수님께서 복음을 전하신 후 따르는 표적으로 말씀을 입증한 것처럼 이재록 목사는 하나님께서 함께하시는 권능을 통하여 성경이 참된 진리임을 확증하고 있다.

우간다, 일본, 파키스탄, 케냐, 필리핀, 온두라스, 인도, 러시아, 독일, 페루, 콩고민주공화국, 미국, 에스토니아, 이스라엘 등에서 연합대성회 부흥사로 활발하게 사역해 왔으며 집회 시 폭발적인 권능의 역사가 나타나 CNN 등에 보도되었다. 영어권 기독 포털 사이트 '크리스천 텔레그래프'와 러시아어권 세계적 포털 사이트 '인빅토리' 공동으로 세계에서 가장 크게 영향을 끼친 10대 기독교 지도자로 2년 연속 이재록 목사를 선정한 바 있다.

GCN 방송을 통해 성결의 복음과 하나님의 권능을 전 세계에 전파하고 있으며 〈죽음 앞에서 영생을 맛보며〉를 비롯하여 〈십자가의 도〉, 〈천국 상·하〉, 〈지옥〉, 〈믿음의 분량〉, 〈하나님의 벗 아브라함〉 등 100권이 넘는 다양한 신앙 저서로 성도들의 영적 성장을 이끌고 있다.

한 영혼도 잃지 않기를 원하시는 하나님의 사랑의 섭리를 이루어 드리고자 말씀과 기도에 전무하고 있다.

전 세계 영혼을 깨우는 **이재록 목사 저서 안내**

이 같은 것을 금지할 법이 없느니라
새 예루살렘으로 인도하는 성령의 열매

하나님의 마음을 얼마나 닮았는지 점검하는 척도가 되며,
신앙 여정의 이정표와 같은 성령의 아홉 가지 열매에 대해
감동적으로 전한다.

젖과 꿀이 흐르는 땅 가나안 정복사

수천 년의 시간을 뛰어넘어 바라다본 이스라엘 역사를 통해
우리가 간과하기 쉬운 미세한 일들이
삶에 얼마나 큰 반향을 일으키는지
마음 깊이 깨닫게 하는 감동의 메시지!

깨어라! 이스라엘
마지막 때 숨겨진 하나님의 사랑과 비밀

간절히 메시아를 기다려 왔던 모든 유대인들에게
하나님의 사랑을 깨닫게 하며,
마지막 때를 살아가는 온 인류에게 전하는 경고의 메시지!

일곱교회 모든 교회를 깨우시는 주님의 메시지

교회의 참 모습을 찾으시는 주님의 간절한 외침,
일곱 별의 비밀은 무엇인가?
주님께서 진정 기뻐하시는 교회는 어떤 교회인가?

나의 삶 나의 신앙 1, 2

지금도 성경의 기적이 계속되고 있다.
왜 믿음으로 기도받는 이마다 치유되고 살아나는가?
멈추지 않는 성령의 역사, 그 비밀의 열쇠는 무엇인가?

이재록 목사 간증 수기
죽음 앞에서 영생을 맛보며
멈추지 않는다

이재록 목사 자서전
나의 삶 나의 신앙 ①, ②

대표 설교집
십자가의 도
믿음의 분량
천국 (상·하)
지옥
영혼육 (상·하)
사랑장/ 사랑은 율법의 완성
성령의 열매/ 이 같은 것을 금지할 법이 없느니라

강해설교집
요한복음/ 주님의 자취 (상·하)
고린도전서 강해 (상·하)
요한일서/ 하나님의 씨
욥기/ 육의 사람 영의 사람 (상·하)

영성이 깨어나는 시(詩)
고백
눈물

가나안 정복사
젖과 꿀이 흐르는 땅

이상적인 교회 지침서
일곱 교회

마지막 때 이스라엘 예언서
깨어라 이스라엘

성결과 권능 시리즈
(2주연속 특별 부흥성회 설교집)
입문 편
죄와 의와 심판에 대하여
내가 시행하리니
의인은 믿음으로 살리라
실천 편
와 보래 살아 계신 하나님의 증거를
믿음으로 모든 세계가 하나님의 말씀으로
지어진 줄을 우리가 아나니
권 능
근본의 소리를 발하라
핵심 편
육과 영
하나님의 선하신 뜻
하나님은 빛이시라
하나님은 사랑이시라
네 영혼이 잘됨같이

성경 인물 시리즈
하나님의 벗 아브라함
나의 택한 야곱이 나의 벗
아브라함의 자손아
하나님 언약의 통로 요셉
엘리야를 너희에게 보내리니

주제설교 모음
믿음 편/ 바라는 것들의 실상이요
　　　 보지 못하는 것들의 증거니
응답 편/ 내 이름으로 주시리라
예배 편/ 신령과 진정으로 예배할 것은
기도 편/ 시험에 들지 않게 깨어 기도하라
치료 편/ 치료하는 여호와
십계명 편/ 하나님의 법도
팔복 편/ 참된 복을 좇는 자
열왕기 편/ 거역된 삶과 순종의 삶

권능 역사서
기이한 일
희한한 능

칼럼 모음
등불
잠언/ 지혜의 샘
생명의 샘
만화로 보는 지혜의 샘 (상·하)

자기 주도 학습법
공부 잘하는 비결

자기계발서
지혜

헌신예배 설교 모음
사명과 헌신
맡은 자의 구할 것은 충성

방송설교집
영원한 것을 위하여
겉옷을 내어 버리라
깊은 데로 가서 그물을 내리라

설교자료, 구역공과 교재
엿새 동안의 만나 (상·하)
감추었던 만나 1

학습 세례 문답서
신앙인의 기본

독후감 수상집
내 삶의 등불

성지순례 화보집
갈릴리여 꽃보다 붉은 사랑이여

성도 신앙 간증집
살아 계신 하나님의 증거들
주 예수를 믿으라
나를 만나 주신 하나님
하나님은…!

핸디북
사랑장/ 사랑은 율법의 완성
성령의 열매/ 이 같은 것을 금지할 법이
　　　　　　없느니라
팔복/ 참된 복을 좇는 자
십자가의 도/ 예수 그리스도만이
　　　　　　 우리의 구세주가 되십니다
믿음의 분량/ 믿음에도 분량이 있습니다
천국 (상)

아동 공과교재 (주니어 Bible Study)
믿음에도 분량이 있어요
하나님의 법도 십계명
성령의 열매를 맺어요
사랑은 율법의 완성 ①, ②
참된 복을 좇는 어린이 ①, ②
십자가의 도 ①, ②
선
공부 잘하는 비결
하늘문이 열리는 파워 기도
출발! 아름다운 천국여행
7일간의 섭리
하나님의 벗 아브라함
하나님 언약의 통로 요셉

학생 공과교재 (청소년 Bible Study)
젖과 꿀이 흐르는 땅 ①, ②
선
믿음의 분량
지혜와 명철
공부 잘하는 비결
주님의 자취 ①, ②
사람이 다스려야 하는 몸의 행실
십자가의 도 ①, ②
만나Time
하나님의 벗 아브라함
하나님 언약의 통로 요셉

유아 유치 공과교재 (키즈 Bible Study)
공부야, 놀자!
나는 예수님 닮은 기도대장!
선

Tel 02-837-7632, 070-8240-2072, Fax 02-869-1537　　우림북 urimbooks.com

● 전자책(e-book) 구입 : 한국어 및 외국어 번역 도서 - 인터넷 교보, 리디북스 등 전자책 서점, 아마존닷컴(amazon.com), iBookstore, 구글플레이북 스토어 등

내 이름으로 주시리라

초판 1쇄 발행 1990. 7. 10.
　　　5쇄 발행 1998. 3. 31.
2판 1쇄 발행 2011. 2. 22.
　　　2쇄 발행 2014. 2. 1.

지은이　이재록
발행인　노경태
편집인　빈금선

발행처　우림북
전　화
(편집부) TEL 02-851-3845, 070-8240-5611
　　　　FAX 02-830-1844
(영업부) TEL 02-837-7632, 070-8240-2072
　　　　FAX 02-869-1537
(디자인부) TEL 070-8240-5632

등록번호 제1-904호

Copyright ⓒ 2014 우림북
판권 본사 소유 | 파본은 교환해 드립니다.

값 7,000원

ISBN 978-89-7557-410-8 04230
ISBN 978-89-7557-067-4 (set)

우림
우림은 구약 시대에 대제사장이 하나님의 뜻을 묻기 위해 사용하던 판결 흉패이며,
히브리어로 '빛'이라는 의미가 있습니다(출애굽기 28:30).
빛은, 곧 하나님 말씀이며 생명입니다.
우림북은 온 누리에 참 빛을 비추고자 오늘도 기도와 정성으로 문서선교 사역에 앞장서고 있습니다.